你也能遇见 23°C教室

YU
FEN

俞芬 ——

著

中国纺织出版社有限公司

图书在版编目（CIP）数据

你也能遇见23℃教室 / 俞芬著. -- 北京：中国纺织出版社有限公司，2022.2
ISBN 978-7-5180-9266-6

Ⅰ.①你… Ⅱ.①俞… Ⅲ.①小学—班主任工作—文集 Ⅳ.① G625.1-53

中国版本图书馆CIP数据核字（2022）第000998号

责任编辑：李凤琴　　责任校对：高　涵　　责任印制：储志伟

中国纺织出版社有限公司出版发行
地址：北京市朝阳区百子湾东里A407号楼　邮政编码：100124
销售电话：010—67004422　传真：010—87155801
http://www.c-textilep.com
中国纺织出版社天猫旗舰店
官方微博 http://weibo.com/2119887771
天津千鹤文化传播有限公司印刷　各地新华书店经销
2022年2月第1版第1次印刷
开本：710×1000　1/16　印张：13
字数：180千字　定价：49.80元

凡购本书，如有缺页、倒页、脱页，由本社图书营销中心调换

推荐序

教室的样子，就是教育的样子

时下，好教育越来越成为家长、社会和教育者的共同追求。

人们不再满足于学有所教的"有学上"，而是更多地希望能够实现"学有优教"的"上好学"。

那么，好教育究竟长什么样？

我坚持认为，教育好不好，关键不是看一连串的数字和指标，而是要看看教室里每天发生的故事。

我为此还写过《教室里的真相》《教室里应该有些什么》等文章。在我看来，教育的样子不在别的地方，而在教室里。教室的样子，就是教育的样子。

教室是学生学习、生活、交流、活动的主要场所，是学生接受学校教育的主要阵地。学生在校期间的大多数时间，都在教室里度过。

教室，也是教师履行教育责任、实施教育行动的主要基地，教师对教育的理解和追求，对学生的关爱和支持，都在这里发生，也在这里呈现。

千万不要小看这间五六十平方米的小小教室，教室是师生生命交融的地方，它既可以是孕育高尚人格和卓越才华的温床，也可以是消磨青春豪情、扼杀少年壮志的坟墓；它可以开启学生美好的一天，也可以开启学生悲剧的一生；它可以让孩子终身感念，也可以让孩子终身抱憾。

我认为好的教育应当这样：在这间称为"教室"的小小房子里，每个人应当获得应有的尊重和信任，每个人应该被承认具有独立性和独特性，每个人应当被允许在学习和生活中犯错误、走弯路。总之，每个生命都应该被温柔对待。

令人欣喜的是，俞芬老师的著作《你也能遇见23℃教室》，向我们呈现了这样一种好教育的样子。

在俞老师的教室里，我们听到的是轻轻柔柔的声音，闻到的是清清淡淡的芬芳，感受到的是阳春三月的舒适温度。

这里，有温柔可亲的俞老师，她会向前任班主任、家长、任课教师，多途径了解每个孩子的学习、身心、家庭等情况，结合日常自己细致的观察，用心研究每一个儿童单纯而敏感的心灵。

这里，有孩子们自己定期更新、富有自然气息和书香味道的班级环境。

这里，有家长、孩子、教师共同参与的丰富多彩的班级活动。

这里，有一整套严谨又不失温度的富有激励性的规章制度和管理体系。

这里，每个孩子被引导成为班级的主人乃至自己人生的主人。他们虽然也有矛盾冲突，也会犯错失落，但他们由衷地热爱班级和班级里的每个人。

通过俞老师的文字，我们看见了一个个性鲜明、或快或慢行走在成长道路上的孩子的样子；看见了一个热爱教育、真爱孩子的好老师的样子；看见了一间美好的教室，一个美好的班级，一种美好教育的样子。

书中有不少令人心动、印象深刻的故事和细节：每次外出培训或讲课，总要给孩子们带一些书签等礼物，且书签发放都特别讲究仪式，让孩子们充满期待；学生犯了错误，比如告状，比如把他人的东西占为己有，不是忙着呵斥或直接说教，而是用温婉含蓄的方式启发学生独立思考；不仅善于在班级活动中用各种新颖的方式激励学生，还发动学生给家长颁奖并撰写颁奖词，最大程度调动家长的积极性……这些故事和细节，验证了一个朴素不过的硬道理：创造美好的教室和教育，关键在于教师。

俞老师对学生的关爱发自内心，她启发学生的方式温柔而智慧，这种风格源自她长期的实践和反思后形成的良好教育素养。

  我曾说过，在一间间的教室里，我们读懂了多少孩子的真诚目光，回应了多少孩子的内心呼唤，为每个孩子提供了多少适切的支持，帮助每个孩子实现了多少真正的成长，往往决定了一位教师，乃至一所学校的教育品质和品位。

  俞老师所孜孜以求的，是23℃的教室和教育，那是温暖、愉悦而适合生长的教育，她希望自己的教室和班级成为一个适合每个人茁壮成长的生态群落。

  从这个角度而言，俞老师的努力无疑是成功的。

  相信每一个遇见俞老师的孩子是幸福的，也相信俞老师自身也一定是幸福的。因为，唯有一颗幸福的心，才会珍视自己每一次和孩子的遇见，珍视自己和每一个孩子的遇见。

  相信你读了之后，也会认同我的观点。而且，只要愿意，相信你也可以拥有一间这样的教室。

厉佳旭

（浙江省特级教师，正高级教师，宁波市镇海区龙赛中学校长）

2022年1月20日

自序

一间23℃教室

一间教室，课桌、椅子、黑板，看起来长得都一样，但从每一间教室里走出来的孩子，却往往有不一样的气质和胸怀。一间教室长什么样，取决于课桌椅之外的空白处流动着什么，而决定这个的是这间教室的班主任，他是以怎样的眼光和心态经营它的。

刚踏上班主任岗位，在我眼里教室只有我和一群孩子，我的带班工作就是能管住这群孩子。那段时间，我读班主任管理类的书，目的就是能找一些方法，让这些孩子都乖乖听我的。谁不听话，我就跟谁急。

第一届孩子带了4年，有了做班主任的一些体验，不再怀疑和恐惧自己的能力，慢慢把目光聚焦到班级里的孩子。那时候，我看到最多的是班级中的问题学生，认为只要把这些孩子教好了，带班就成功了。于是，学习各种招数，绞尽脑汁，教室就成了我与这群孩子斗智斗勇的场所。

直到遇到了一群家长，他们积极参与班级活动，家校之间开展了频繁而有趣的互动，"爸妈课堂""家育沙龙""亲子联谊"等系列活动，丰富了班级生活的内容，拓宽了原有教室的空间，使班集体变得灵动而温暖起来。这一届带班给了我比较大的启示：一个班只有一个班主任，却有N位家长，若是心向一起，共同参与班级建设，班集体会凝聚更大的能量，孩子的成长会有更丰盈的土壤。

家校角色协同，形成共育新格局，对我来说，开拓了班级建设的新思路，也是我在班主任工作中面临的新一轮挑战。接下去的五年时间，我连续做了三轮家校合作的课题，在专家的指导下，在课题系统研究的带动下，特别是在"教育生态理念"的指引下，我对带班工作有了进一步认识，一个班就是一个生态场，它是一个系统的、有机的整体，它的发展是由班级里各种因素相互关联，动态制约生成的。就是说一间好的教室生态，一定是由学生、教师、家长等因素共同作用，构建起来的和谐融洽、平等信任、共生共长的空间环境。

23℃是人体最适宜的温度，一间润泽的教室，如同23℃生态环境，满足生长的最好条件，大家都能安心地、轻松自如地构筑着人与人之间的关系。舒适、和谐、安全、放松的环境氛围，能让每个孩子身心得到尽情舒展，不拘一格向上生长。

23℃教室里，有阳光有绿植，窗明几净，环境优雅；23℃教室里，有交流有体验，活动丰富，交往愉快；23℃教室里，学生、老师、家长各守其位，各尽其责，关系和谐，相互成就。这样一种23℃生态环境，温暖而生动，和谐而上进，教室里每个孩子的呼吸和节律都是柔和的、畅快的，都能坦率地表达自己，都能得到大家的尊重，从而唤醒内心向上成长的力量。

"教育生态理念"的指引，如同打开了一扇窗，让我看到了一间教室更加美好的样态。2017年，我评上宁波市首届名班主任后，主持省、市级班主任工作室，有了自己的团队，和一群小伙伴一起追寻"23℃教室"的理念。我们提出了生态教室"四个一"建设："一间有情调的教室"，让教室每一面墙壁都会说话；"一种自主化的管理"，引导学生学会自觉、自律、自育；"一个多元化的平台"，以适性活动为媒介，为孩子搭建多姿多彩的成长舞台；"一门有特色的课程"，借家育班本课程，倡导合力共育。欣喜的是，我们看到当教室的生态发生了改变，班集体的能量场就会增强，学生、教师、家长共同得到的教育支持力就会越大。

这本书是我近五年践行"23℃教室"理念，用文字记录和孩子们一起成长的多个瞬间。这些文字记录了我在多年班级育人中的一些做法和思考，真实地展现了一间教室里发生的一个个关于生长的故事。这间教室里有成功，也有失败；有欢喜，也有遗憾，但这间教室润泽的生态，能让每一个与它邂逅的孩子都心情舒展，阳光自信，不断地去遇见更好的自己。

俞芬

2022年1月7日

目录
CONTENTS

第一章　种下一间教室

我理想中的教室生态，应该是温暖而生动，和谐而上进，自然而充满活力的。

我的前任是个好老师	002
新的环境，新的班级	004
学哥学姐来我班	006
"温柔""严厉""偶尔迷糊"	009
三色席卡助力开学	012
你们教室真干净	014
大扫除如何组织有序	018
布置教室文化角	021
我历经的评语N式	024
寒假过出节奏感	027
拿什么评价你——寒假作业	031

第二章　倾听来自孩子的声音

倾听是一种关怀，蹲下来，倾听孩子的心情和想法，这才是建立和谐师生关系的开端。

可爱的小粉丝	036

教师节，我们的小温情	038
520，你表白了吗	040
偶尔"贿赂"一下	043
小书签，大价值	045
种下教室的小美好	047
臣妾狠心了一次	049
你只要"轻轻问一下"	052
告状	055
第一次尝试群视频聊天	057
把橘子奖励给了这3个孩子	059
班级小事中遇见的美好	062

第三章　绽放每个孩子的光芒

我发现，当一个学生感到他的努力是有价值时，他就会发出耀眼的光芒。

喊着喊着，有巨星范儿了	066
流鼻涕的孩子	069
他的纯，他的善，惹人疼	071
这女孩挺有意思	074
就是不说话	076
野百合也会有春天	079
一次次过招	083
爱理不理	089
愿杰克的话与你我共勉	092

温柔征服　　　　　　　　　　096
"破茧成蝶"的美好　　　　　　100

第四章　滋润孩子的成长

我希望我们的教室里每天都有爱的互动，成长的滋润。

"有声朗读"邀你加盟　　　　　104
班级"书市"　　　　　　　　　107
出黑板报=美差　　　　　　　　111
春游分组　　　　　　　　　　　113
线上班级活动　　　　　　　　　115
班级晨读　　　　　　　　　　　120
创实周报诞生记　　　　　　　　122
种瓜得瓜，种豆吃豆　　　　　　124
最忆是童年　　　　　　　　　　126
"百日跑"跑出精气神　　　　　129
让每个孩子都感受他人的看见　　132

第五章　共育一间教室

教育要想获得成功，不仅要做一个好老师，而且要有一个实现共同目标的团队，你好，家长合伙人！

如何说，家长愿意听　　　　　　136

携起手来	139
与家长的"三步沟通法"	141
我们的"11.27"行动	145
明天就是家长开放日	149
家长进课堂，别样小体验	151
黄思琦爸爸来上课	154
给家长写颁奖词	156
做一个弹性的沟通者	160
发挥"家长集体"的力量	164

第六章　我们的教室是会长大的

我有一个愿望，那就是带着孩子一起感受世界的美好。

把班级交给孩子打理	168
游戏也有规则	172
当班级出现负性事件	176
课堂改变，班级就会改变	179
一张扣分单引发的	183
一个孩子的进步让一群孩子看到希望	186
向真向善向美	189
班级不仅是学习场所	192
自告奋勇的力量	194

第一章

种下一间教室

我理想中的教室生态，应该是温暖而生动，和谐而上进，自然而充满活力的。

我的前任是个好老师

若是调走了还牵挂着孩子，还想着孩子们能越来越好，她一定是个好老师。

新的学期告别原先班级的孩子，去新的学校迎接一届新的孩子。我既是原来班级的老班主任，又成了即将接手新班级的新班主任，开学前首要的一件事——"交接班"，把原来的503班交给沈老师，从方老师那里接手新的班级。

接手503班的是沈老师，奉化区骨干班主任，有耐心、有爱心，我作为前任班主任很放心。早上沈老师打来电话向我了解班级情况，我从整个班级精神风貌、孩子的特点、学习情况以及行为习惯等方面，与沈老师做了一个交流。沈老师询问了很多细节，可见她接班的用心。

我接手的302班，原班主任方老师调到宁波去了，不在原校，一开始我担心冒昧打电话过去会打扰她，但是不联系对班级情况一点不了解我心里没底。所以晚上还是拨通了方老师的电话，听到了方老师甜美的声音。与方老师的交流超乎我的预期，很顺畅，她很热情，我说明目的后，方老师爽快地接上就说："俞老师，您想了解哪方面的？我都跟您详细说。"

我向方老师了解了三方面内容：班级概况，包括男女生的比例，孩子们的学习态度、行为习惯等；家庭情况，家长对孩子学习的关注、对班级工作的支持等；某方面目前比较弱的孩子，或是学习上、品行上、身体上、心理上有明显弱势的孩子。

听得出方老师很爱这个班，说起孩子、家长，洋洋洒洒，仿佛都在她的眼前,还一个劲儿地说:"俞老师,离开最不放心的是这些孩子,跟您聊过后我现在放心了。"若是调走了还牵挂着孩子,还想着孩子们能越来越好,她一定是个好老师,我高兴我的前任是个有责任心的好班主任。

最令我感动的是,方老师对孩子的保护。我向她了解班里目前表现比较弱的孩子,方老师说:"俞老师,这个我不跟您说,我担心您一开始就会对他们有看法。"我懂她,怕我戴着有色眼镜看孩子,我跟她说:"您放心,我只想心里有个数,平时对这几个孩子能多加关注。而且我知道每个孩子都在不断发展中,孩子都有可能变化的。"方老师这才放心地"噢"了一声,不过我补充说:"如果您认为不合适说,就不说。"

打完电话,方老师把我拉进了班级群,而且编辑了一段话,把我介绍给家长们认识。在她的牵引搭桥下,我和新班级的家长们开始熟络起来,相互有了一些了解,这也为新学期的开启打下了良好的基础。

在友好的氛围中开启,我期待新的学期,和一群新的孩子,新的家长,共同建设一个有温度的班级!

新的环境，新的班级

> 懂事的孩子俞老师会很爱很爱他，若有小朋友做错了事，又不知悔改，俞老师肯定狠狠批评。

今天新学期第一天，昨晚醒来好几次，隐隐感到不安，尽管我的教学生涯经历了N个9月1日。新的学校新的环境有很多不一样，需要我尽快适应。

江口小学校园很大，我除了教室、办公室、食堂是熟悉的，其他都不熟悉。要去哪个室找哪位老师，必须得询问别人，要不就请孩子带路。朋友圈里发了一张学校正门的照片，下面好多朋友跟帖："哇，这所学校看起来好大呀！""比你原先的学校大多了吧！"的确，我拍的仅是一角而已，学校到底有几幢楼我还没搞清楚，让我感到新鲜的是校园里还有一条河，河上架了两座桥，桥的那边是一个大大的操场，还有一个体育馆。今天总算有机会走过那座桥，有种错觉像是到了另一境地。

学校有近百位同事，我能叫出名字的，现在大概有10位，知道姓的不会超过20位，所以走来过往，他们会喊："俞老师，好！"而我基本回应："你好！"叫不出姓什么，有些尴尬。

新办公室的3位同事个性爽直，对我热情。记得那天收到上届孩子给我写歌的视频，我感动得流眼泪，办公室同事就跟我开玩笑说："俞老师，你红着眼睛，别人看到以为我们欺负你新来的。"而后给我递来香蕉、面包、月饼好多吃的，说："俞老师，你吃一点，平复一下情绪。"初来乍到她们让我觉得暖心。近些日子碰到不明白或不懂，都是她们耐心教我，帮我。

一直都教四到六年级，这回接三年级，我心里没底，担心能否读懂孩子们的心思，能否很好适应。开学前虽然做了准备，照着名册读了好几遍学生的名字，但见到孩子无法做到与名字的对应。早上喊过一遍，到下午又张冠李戴叫错了。

下午第一节语文课，熟悉彼此。我对孩子们说："我先自我介绍，但是换种形式开展，你们想了解俞老师哪些方面，就像记者一样问我，我来回答。"孩子们一听开心极了，小手如林：

"俞老师，您几岁？"

"俞老师，您以前教几年级？"

"俞老师，您家住在哪里？"

"俞老师，您对学生凶吗？"

……

孩子的问题我一一如实回答。其中也向他们表明自己对待学生的立场："俞老师奖惩分明，懂事的孩子俞老师会很爱很爱他，若有小朋友做错了事，又不知悔改，俞老师肯定狠狠批评。我们到学校来上学就是要改正不良的行为习惯，让自己变得更好！"

最好笑的是，有个孩子问："俞老师，您多高？"有孩子帮我回答："1米7！"另一个孩子接上说："俞老师没那么矮，肯定超过2米！"居然有好几个孩子一本正经认同我超过2米。呵呵，刚升入三年级的娃，就是这么萌萌哒。

见面的时候家长与我的交流并不多，他们用另一种方式关心着班级。开学前积极参与教室打扫；报名那天，又是好几个家长把学生的课本、作业本搬到教室。今早收到吴妈妈一段鼓舞人心的话，我心里就想：若是家长都能理解学校工作，支持班级工作，我们的教育就会变得很美好！

刚开学，新的环境，新的班级，总觉得有很多事情要去熟悉，要去做，但心里一直有个声音在嘀咕：慢慢来，不着急，把每件事情都做稳妥了！

学哥学姐来我班

我在姐姐的帮助下，小心翼翼地把班徽别在了书包上，顿时觉得书包神气多了！

一

上周四下午，我带前任班级的孩子和现任班级的孩子第一次愉快见面了！这次见面，我考虑有一段时间了，孩子们也等着盼着一段时间了。

从暑假知道自己要调动学校开始，我就在想一件事：我所带班级的名称——创实班，要更换名称吗？原本"创实"这一名称是由实验小学的办学理念衍生而来，现在调离实验小学，再叫"创实班"合适吗？但内心又很舍不得换，叫习惯了，曾经的孩子经常说"我们是创实的一员"，曾经的家长说"我们的创实集团在不久的将来是要上市的"，虽然是玩笑话，但对"创实班"这一名称大家都凝聚了深厚的情感。如果不延续，不仅是我，曾经创实的孩子和家长都会感到有些遗憾。

如果延续，我又该做些什么，让我的"现任"接受"创实"这个班名，并理解它承载的含义？

于是，我就设想着进行一次"前任"和"现任"的见面会，让我的"前任"来讲述关于"创实班"的那些事，让我的"现任"继续把"创实班"的故事延续。因为两所学校距离有些远，受制于交通障碍，所以第一次见面会我只邀请了4位"前任"代表。

二

"前任"和"现任"的见面是在热烈的掌声中拉开序幕的。因为前期请4位孩子做了准备,加上他们组织活动经验丰富,所以这次见面会我只是引荐,是旁听、是配角,他们双方是主角。"前任"从不同的角度介绍"创实班"的那些事,"现任"专心听着,不时有提问、有对话、有互动,他们在一起交流的画面友好又和谐。

张艺萱向学弟学妹介绍了"创实班"这个名称的由来和含义,"创"指创新,"实"理解为"实实在在","创实班"的每个孩子敢于创造,实实在在学习,实实在在做人,争做最好的自己!

王紫仪负责解说"创实班"班徽,详细介绍了班徽各部分的含义,告诉学弟学妹,班徽传递了创实班级健康向上的一种精神!

周雍奇和林夕茼向学弟学妹讲述了"创实班"系列特色活动,"小组合作""小鬼当家""爸妈课堂""四川联谊"等,这些活动都是"创实班"成长发展中难忘的一个个音符。对于这一届孩子来说,他们听着学哥学姐的述说,眼里有敬佩、有羡慕,更有对班级未来的无限憧憬。

介绍完后,4位前任代表向学弟学妹赠送了班徽。按照惯例,孩子们把班徽别在书包上,每天背起书包就知道自己是创实的一员,为自己而努力,做最好的自己!

三

当天晚上,新一届的创实孩子都完成了一篇写话"学哥学姐来我班",记录了见面的那一刻以及收获的感受。来看看孩子们的表达吧。

孩子们写到等待的那一刻:

有人说:"来了!来了!"我们马上端端正正坐好,屏住呼吸,伸长脖子,我很紧张,也很激动,等待那一刻的惊喜。

写到见面的那一刻：

当他们进来时，教室里不约而同响起了一阵雷鸣般的掌声。4位学哥学姐精神抖擞，见到我们开心地笑了，他们笑了，我的内心就放松了下来。

写到赠送班徽：

我接过色彩丰富的班徽一看，最上面是我们的班名"创实班"，两旁写着"健康、向上"，这是我们的班风，中间图案代表创实孩子都插上理想的翅膀，做更好的自己。我在姐姐的帮助下，小心翼翼地把班徽别在了书包上，顿时觉得书包神气多了！

写自己感受的：

不知不觉，学哥学姐就要回去了，我们恋恋不舍地挥手告别。我心里默默地想：我要努力学习，和学哥学姐一样优秀，我也期待能与他们有第二次、第三次的见面！

"温柔" "严厉" "偶尔迷糊"

当交流的声音是美的、善的，集体中的每个人都能感受到这份美好！

在朋友圈里看到一位家长发的信息：亲子时间，儿子话痨一样跟我讲班级新来的同学，新来的俞老师，新接触的周老师……

我跟了一条：孩子愿意交流总是好的。

家长回：滔滔不绝，给你的评价"温柔""严厉""偶尔迷糊"。

我反思第一星期在他们面前的表现，发现三年级孩子居然概括得很准确。

温柔，可能他们觉得我长得面善吧，讲话风格又属于不紧不慢的，再加上喜欢跟孩子在一起，他们有一种亲切感。

严厉，以前孩子对我的评价鲜有出现这个词，所以看到第一反应，这几天对孩子太凶了吗？规矩做得太严了吗？刚开学，又是新接这个班级，想着第一、二周把各项规章制度落实到位，我对孩子的要求的确有点儿严，有时讲话也故意一脸严肃。

偶尔迷糊，最近经常把孩子的名字喊错，有时张冠李戴，有时前后颠倒，时常被孩子们笑，笑了以后他们会大声帮我纠正一遍。在他们面前我也会开玩笑耍赖："你们已经相处两年当然都记住啦，我才来一个星期嘛，允许我喊错，给你们一个帮我纠正的机会。"

小家伙的这三个评价词，像一面镜子反射出了我开学一周的表现。所以，我开始思考：需要用一脸严肃来显示我这个新班主任的权威吗？孩子眼里我的迷糊病能早些治愈吗？不然在他们眼里这个班主任不够聪明，连小朋友的名字也总记不住。

治愈迷糊病最好的办法，在讲台桌上贴一张孩子们的座位表，对号入座喊几次名字，基本就能记住。只是一开始我偷懒，没做这件事，现在补了一张，以后接新班这件事偷懒不得。不去指责，不用批评，最好的办法就是培养孩子们自主管理的能力，所以周五开启了争当"自主小标兵"行动，要求每个孩子学会管理自己的学习生活，从"一天"开始，慢慢增长周期，到"一周"到"一月"。

我又做了一件事，请每个孩子都来写一写对我的印象，布置了一项作业"说说俞老师""说说新同学"。我想从更多孩子对我的评价中了解我第一周工作的表现。

这是我们班单皓轩的文章，就是评价我"温柔""严厉""有点迷糊"的这个孩子，看看他具体怎么说的？

我们的班主任俞老师是一位性格很温和的老师，平时和我们总是笑眯眯的，声音也特别温暖。但是如果上课有人没听讲被俞老师发现，她就像变了一个人一样，板着脸严厉地批评。

俞老师，有点小迷糊。有一次，她把"杨佳浩"叫成"张佳浩"，把"赵笛匀"叫成"赵匀笛"，大家都笑了。当然我们并不在乎，相信再过一些日子，俞老师会记住我们每一个人的。

下面是吴承希小朋友的文章，我和他第一次见是开学前的大扫除，他回忆了我们的第一面。

我们302班的班主任就是俞老师，俞老师从奉化实验小学调过来的。她长得非常漂亮，有一双会说话的眼睛。

她非常温柔。记得第一次见面,她就搂着我的肩膀叫我小帅哥,让我感到很高兴。

……

孩子们写的赞美之词很多,包括写新同学也一样,都说希望他快点融入302班大家庭,想和他成为好朋友。语文课上,我邀请大家来分享这些作文,我特别关注了新同学刘子庚的表情,时而眼睛闪着光芒,时而眯着嘴偷笑,大家写的这些文章温暖他了。

其实不光是他,还有我,当交流的声音是美的,善的,集体中的每个人都能感受到这份美好!

三色席卡助力开学

我其他方面表现都还行，就是胆子有点小，我想改变，让自己有进步。

上届接手新班，被孩子善意批评过：俞老师会犯迷糊病，称呼同学名字常常张冠李戴。

自己的个性马大哈，以前并不在意这事，认为刚开学叫错情有可原。有了孩子这句话的提醒，我意识到小家伙们也挺在意，叫错名字有失自己在他们心目中的形象，就把叫名字的事看得认真起来。

暑假里，在于洁老师的文章里，看到他儿子新学期借用席卡认识新学生，我当时就觉得这一招挺好，比在讲台桌上贴座位表的方法好。好在哪里？我认为：

1. 新任老师上课点名更方便

使用座位表，邀请学生回答问题时，老师还得走到讲台桌前低头去寻找名字，这一过程既费时又会打断上课的节奏。现在席卡一放，老师上课想邀请谁回答，只要余光扫一下就能轻松喊出孩子的名字。

2. 更易把名字和人对应起来

席卡放在孩子面前，上课、下课无意间一遍遍看到，无形之中一次次把孩子和名字对应起来，这样帮助新任老师尽快认识孩子。

3. 孩子的自我感受不一样

席卡相当于名片，有一种身份的象征，就像我们参加会议，若是会桌上放了写有自己名字的席卡，隐隐有种自豪感。

这学期接手新班，我就借用席卡来助力开学工作。当然，根据我的需要对席卡做了一些改进：要求孩子用红、黄、绿三种颜色制作"三色席卡"，一面写上自己的姓名，一面写上新学期自己追求的目标，还有一面写上"OK"。

三面分别有什么用？我跟孩子们解释：写上你的大名是为了让新任老师尽快认识你；写上目标是为了让你自己明白新学期努力的方向；"OK"是你完成任务后发出的信号，既是你宣告胜利，也便于老师了解总体情况。三面颜色全班进行了统一：黄色一面写名字，红色一面写目标，绿色一面写"OK"。

今天早上孩子们把三色席卡都带来了，要让孩子重视它，课堂上要花些时间做些文章。

第一，展示自己的作品。昨晚所有孩子都动手参与了制作，不管漂不漂亮都让孩子高高地把自己的作品举起来展示给同学们看。这一过程虽然我没有去评价制作的好与坏，但孩子们在左右环视中已经有了学习。

第二，交流新学期的目标。自愿上台分享，一开始大家表现得有点羞涩，几个孩子上来发言后场面就积极踊跃了，其实大部分孩子都愿意交流，他们讲得也很实在。

有孩子写着"争取上课大胆举手发言！"她补充说："我其他方面表现都还行，就是胆子有点小，我想改变，让自己有进步。"

有孩子写着"把语文成绩提高上去"。他解释说："四门功课，我的语文成绩最不好，这学期补补短板。"

有孩子写着"期末四科成绩超过360分"。我问他："你打算怎么努力？"他说："我从认真完成每一次作业做起！"回答得字正腔圆。

孩子一个个轮流上来，其他孩子认真听，听别人的对自己也肯定有所触动。因为时间有限，并不是所有孩子都有分享的机会，最后请全体同学站起来大声读给自己听，新学期目标牢牢记在心上。

三色席卡放在课桌上就像一盏航行灯时时提醒，时时指引孩子向着所愿努力，努力成为更优秀的自己！

你们教室真干净

> 真正愿意做一件事，并且能持之以恒做下去，是明白做这件事的意义。

教室是孩子一天学习活动的主要场所，干净整洁的教室环境，能给置身其中的孩子、老师带来一份美好的心情；干净整洁是尊重生活的一种态度，是班级文化的一种外显，孩子浸润其中，潜移默化受到教育。

放学前，陈老师路过我们教室，特意走进来夸赞："俞老师，你们的教室真干净！"其实很多老师也都这样夸赞过我们的班级。

如何保持教室日常的干净整洁？功夫主要花在开学一个月，我主要落实以下三方面工作：

一日三扫是为干净

一天安排三个时间段打扫。

早晨到校第一扫。让孩子们在干净整洁的环境中开始一天的学习生活。这个时间段打扫不用大动干戈，教室基本是干净的。乘校车的孩子比其他同学早到10分钟左右，利用这10分钟，安排了3个乘校车的孩子打扫整理，2个负责教室，1个负责走廊。值日生不宜多，不然会干扰晨读的孩子。

午间休息第二扫。扫、拖、擦结合，每一天给教室做一次比较全面的SPA，保持窗明几净的状态。自从学校开始4点钟班，规定放学后不留孩子，所以SPA的时间放到了中午。值日孩子是怎么分工合作的？按照以下表格执行：

创实班值日表

星期＼座位＼职责	一、二组扫地	一、二组拖地	三、四组扫地	三、四组拖地	讲台、前后柜	擦玻璃窗	教室里外墙砖	走廊、倒垃圾
第一周	第一小组1号	第二小组1号	第三小组1号	第四小组1号	第五小组1号	第六小组1号	第七小组1号	第八小组1号
第二周	第一小组2号	第二小组2号	第三小组2号	第四小组2号	第五小组2号	第六小组2号	第七小组2号	第八小组2号
第三周	第一小组3号	第二小组3号	第三小组3号	第四小组3号	第五小组3号	第六小组3号	第七小组3号	第八小组3号
第四周	第一小组4号	第二小组4号	第三小组4号	第四小组4号	第五小组4号	第六小组4号	第七小组4号	第八小组4号
第五周	第一小组5号	第二小组5号	第三小组5号	第四小组5号	第五小组5号	第六小组5号	第七小组5号	第八小组5号

1. 按照桌次轮流值日

第一周每小组第一桌，第二周每小组第二桌，以此类推。为什么改变以组为单位？

第一，创设与不同伙伴的合作机会。平时大组孩子之间交往比较频繁，改成桌次轮流，组成了新的合作群体，既让孩子产生新鲜感，也能与更多伙伴交往。

第二，值日人数更合理。竖排轮流，一小组5个孩子值日人数有些少，一大组10个孩子又显多，横排轮流8个值日生岗位安排相对合理。

2. 责任落实到位，明确职责，才能更好履行职责

8个孩子值日，把值日工作分成8块，就是表格第一行内容。张贴在教室公告栏内，每一位值日生清楚自己的职责，知道要做什么，行动目标明确，打扫效率就高，后续的检查反馈也更有针对性，落实更加有效。

下午放学第三扫。学校要求不留值日生，所以每个孩子离开教室前"各扫自家门前雪"，做到：弯腰检查一遍自己包干区域；把凳子轻推到桌子下面。指定一个小干部做好离开教室前整体的检查，包括窗户、日光灯、电风扇是否都关好。

奖励督促是为维护

一日三扫把教室打扫干净了，关键靠每一位孩子来维护。开启维护模式，对孩子来说需要外在的奖励措施来协助。班里开展了"争四星"活动，其中一星就是"绿色星"——维护班级的环境卫生。

如何得到"绿色星"？要求孩子们自觉做到以下几点：

1. 课桌里的书本、作业本有顺序摆放；
2. 桌面整洁，地面干净；
3. 课桌按规定的线条对直；
4. 茶杯摆在柜子上从矮到高排整齐，书包放在柜子里包袋收进柜子里；
5. 脱下的衣服工工整整挂在椅子背上。

以上几条要求源于班级孩子平时暴露的问题，比如有的书包放在柜子里，背带拖到了地上，既不干净又容易绊倒人；衣服脱了后随意扔在凳子上，垫在屁股下，有时掉在地上都视而不见，所以要求他们脱了后工工整整挂在椅背上，不会弄脏也不会弄皱。

平时如何检查？突击检查，一般放在下午。有的时候他们去公共教室上课，我就到教室里拍照，回来后通过屏幕让他们自己进行评价反馈，做得好的孩子奖励一颗"绿色星"。

"绿色星"对我们班孩子激励作用强吗？它是班级"创实星"的其中一种，集四种创实星可以换创实币，不同数量的创实币可以兑换奖品，更关键这是努力的成果，自我优秀的体现。

培养意识是为养成习惯

真正愿意做一件事，并且能持之以恒做下去，是明白做这件事的意义。教室环境的创建不是一天两天的事，也不能总靠监督和提醒，所以最重要的是唤醒孩子内在的意识——共同创建一个干净整洁的学习环境。

有时谈话我会经常让他们联系生活比较，譬如：高雅的餐厅与一般的快餐店环境有什么区别？如果我们置身于高雅的教室环境中学习，你会有哪些变化？让孩子们意识到创设一间干净整洁的教室无形中影响着每一个人，受益于每一个孩子。

若孩子们真正明白意义所在，意识就会觉醒，才会更自觉，才会把教室干净的事当成自己的事。当然，习惯的养成并非一朝一夕之事，尤其对孩子来说，在行为上会不断出现反复，这就需要后续不断地关注，不断地强化，慢慢养成一种良好的习惯！

大扫除如何组织有序

试想焕然一新的窗户、一尘不染的地面，干净锃亮的桌椅，你们坐在这样的教室里学习多舒心呀。这样的环境谁来营造？要靠在座的每一位孩子动手出力。

大扫除是开学工作的必修课。

周三学校组织了一场期初大扫除，几个班主任在聊天时说起大扫除碰到的困惑：

1. 劳动纪律的困惑

大扫除虽然要求人人参与，但往往是一部分孩子在劳动，还有一部分孩子在玩耍，班主任忙着指挥，无暇顾及那些玩耍的孩子，教室里很吵。

2. 检查返工的困惑

小学生劳动经验不足，关注不到很多细节，向你报告打扫干净了，一检查漏洞百出。比如擦桌子只把桌面擦干净了，桌档桌脚忽略了；扫地前后中间走廊扫干净了，桌子之间，门后的死角忽略了；擦玻璃窗，中间的玻璃擦干净了，窗框、窗台忽略了。很多工作得做第二遍，检查累，返工更累。

3. 碰到特殊事情的困惑

打扫过程中有水桶打翻的，本子弄湿的，发生口角的，林林总总让班主任闹心。

这些困惑我都经历过，所以学校布置大扫除工作，我就在琢磨怎样组织才能让大扫除开展得有序有效，班主任们可以省心一些，结合平时自己的做法总结以下几点：

1. 要有动员

大扫除之前让孩子明确劳动的目的和意义，认识到参加劳动的价值，这样他们就会对劳动有欲望和憧憬。讲述的时候不妨用一些描述性有情味的语言，孩子更愿意听。

前天大扫除开始前我跟孩子们说："试想焕然一新的窗户、一尘不染的地面、干净锃亮的桌椅，你们坐在这样的教室里学习多舒心呀。这样的环境谁来营造？要靠在座每一位孩子动手出力。"我特别描述了干净整洁教室的样子，强调了需要每个孩子的参与。

2. 熟悉劳动区域

一般全校性的大扫除除了打扫教室外，还有专用教室、包干场地、公共场地等打扫任务。最好提前一天，带着小干部了解清楚本次大扫除班级承担的打扫区域，提醒他们打扫要点，并请他们做好记录。如这次我们班分到的是打扫教学楼的楼梯，楼梯的开关、指示牌，楼梯口的窗户孩子可能关注不到，所以事先请小干部在工作本上记录好。

这一步的目的一是在培养小干部带领劳动的能力，他们在一一记录的过程中就知道每个区域的打扫要求，大扫除开展的时候他们就能替班主任做好引领检查的工作。二是事先熟悉劳动区域，了解劳动任务，有利于合理分组，安排人数；有利于布置要带的劳动工具，大扫除不一定每个孩子都要带水桶，按需即可，这样打翻水桶的情况也会少些。

3. 分组分工

实行责任承包制，分组到位，责任到家。有几个包干区域就分成几组，每组由1~2名小干部带领。每一组再进行分工，争取做到"人人有事做，处处有人管"。组内分工的任务可以交给组长来完成，既交给他们权利，也锻炼他们的能力。这是前天大扫除我们班级的分工表：

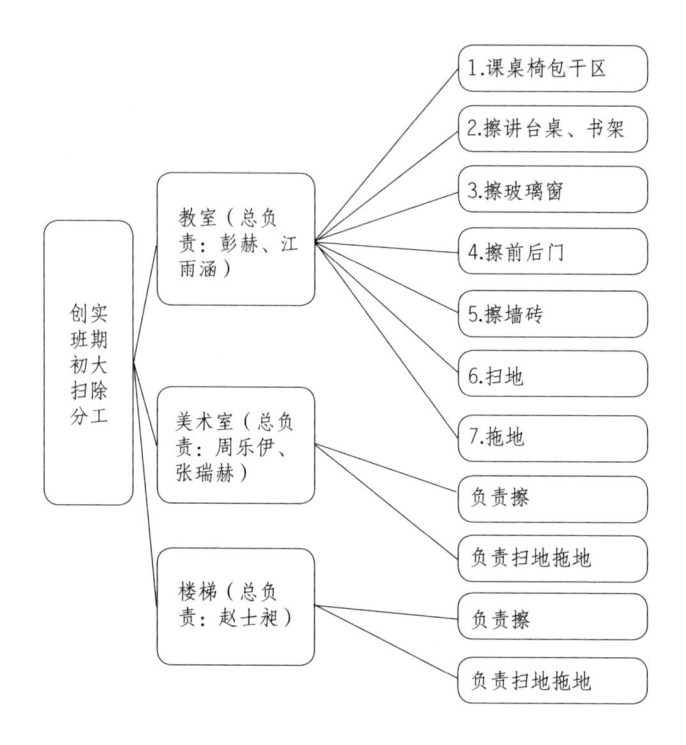

```
                                      ┌─ 1.课桌椅包干区
                                      ├─ 2.擦讲台桌、书架
                   ┌─ 教室（总负      ├─ 3.擦玻璃窗
                   │  责：彭赫、江    ├─ 4.擦前后门
                   │  雨涵）          ├─ 5.擦墙砖
创实班期初大扫除分工─┤                ├─ 6.扫地
                   │                  └─ 7.拖地
                   ├─ 美术室（总负   ┌─ 负责擦
                   │  责：周乐伊、   └─ 负责扫地拖地
                   │  张瑞赫）
                   └─ 楼梯（总负     ┌─ 负责擦
                      责：赵士昶）   └─ 负责扫地拖地
```

4. 要有总结

总结目的是提高，促进下次大扫除各方面表现能再上一个台阶。总结的任务交给谁？每个区域的负责人，概述一下本组大扫除情况，表扬劳动认真的孩子，指出过程中存在的问题。小干部在讲台前总结觉得很光荣，被点名表扬到的孩子自然很开心。这一过程班级所有孩子都全神贯注，竖起耳朵听着，因为每个孩子都期待被表扬。

大扫除是学校常规的一项任务，除了打扫干净教室、公共场地之外，更要把它看作是锻炼学生劳动能力的一次机会，培养学生组织、合作能力的一个平台，如此，认真开展一次大扫除的意义就丰富了。

布置教室文化角

一下课同学们都来借书，放进去的书都被借走了。

教室环境属于班级物质文化的创建，除了教室整洁干净，还包括教室内各个文化角的创建。开学初，很多学校都会进行教室文化的检查评比。但是我们要清晰地意识到，布置教室文化，并不是单单为了迎接学校的检查，更应该思考发挥它的作用，使每个角都能发挥它的育人价值。

教室里的生物角

因为一次讲座，结识了陕西名班主任刘小红老师，她说她的教室常年鲜花盛开，绿色不断，我很是羡慕，也开始重视布置自己的教室。

开学，"爸妈课堂"正好邀请了马张媛妈妈给孩子们来讲解花卉知识，以此契机，我就向孩子们发出一条倡议：开辟一个生物角，让我们的教室充满生机和活力。倡议得到全体孩子的响应。

考虑到上几届也在教室里设置过生物角，但往往时间不长花花草草都枯萎了，最后生物角也在悄无声息中消失。这次既然打算创建生物角，维护是关键，随之班级出台了两条策略，经实践检验非常奏效：

1. 生物角的植物加强流动

孩子们热爱集体的心是很浓烈的，一听说要开辟生物角孩子们都举手要为班级作贡献。表扬他们热心的同时，我建议生物角的植物实行流动性，以每个创实小队为单位一个月向生物角提供两到三盆，一个月后换一批。

这样有什么好处呢？能保证生物角里的植物新鲜有生机。"新鲜"，不同的孩子会捧来不同的植物，生物角的植物经常处在变化中，孩子们也可以认识更多的花卉、绿植；"生机"，我和孩子毕竟缺乏养植物的经验，若放在教室里太久我担心植物会蔫，一月一次更换就保证生物角时刻容光焕发。

2. 每一盆植物都标上来源"小队"和"主人姓名"

一来让班级孩子知道是哪位孩子搬来的；二来也是最主要的——培养小主人的责任意识，标上你的姓名你得把这盆植物照管好，由你负责浇水，负责每天放学把它搬到教室外走廊透气（晚上教室门窗关闭空气不好），由你决定第二天把它安放在教室哪个角落。当然，一个月后捧回家也要继续负责精心照料。

生物角创建起来，孩子们搬来的植物多种多样，教室里有花有绿色，就有了生命力；孩子们作业写累了就抬头看看这些植物，下课的时候三五成群围在旁边欣赏交流；最重要的是，这些植物对孩子们来说，就像是宠物，每一天都精心照料，逐渐培养起了责任意识。

教室里的读书吧

开学初，建立书吧就在计划之内。

昨天中午王扬、杨晨乐等4个小男生帮忙，终于把我家里的3个小书柜驮到教室，几个人七手八脚在黑板旁搭建起了一个简易的小书吧，配上原先教室里的绿植，别说还成了一道亮丽的风景。

书吧里的书是随随便便放上去的吗？不是的，得讲究一些仪式感，目的就是吸引孩子们的兴趣。所以昨天晚上布置孩子们设计一张"阅读漂流卡"，主要有四个内容："借阅者""借阅时间""归还时间""留给书主的话"，前面三项作为一个常规的登记，便于书主了解书本的漂流轨迹。最后一项内容是书客之间，书客与书主之间阅读后的一种无声互动，增强反馈交流，增强书本漂流的意义。

今天早上语文课，利用小半节课的时间做了两件事：

第一件事，邀请部分孩子上来介绍带来的课外书，以及跟书客们提一提填写"漂流卡"的要求。因为漂流卡第一次试行，如何规范填写需要明确，不是由我说，而是让孩子们相互提。有的说："字要写小一些，别写到格子外。"有的说："书写要公正，不要写错别字。"有的说："希望书客的留言真实一些。"要求来自孩子也更易被他们记住和接受。

第二件事，向书吧赠书，一桌一桌上来在讲台前向同学们大声读一读书的题目，展示书的封面然后放入书吧，让孩子们觉得书吧里的每一本书都彰显"神圣感"。

第一节语文课结束我去办公室小憩，第二节上课走进教室竟发现书吧又变空了，负责管理的黄思琦向我汇报："俞老师，一下课同学们都来借书，放进去的书都被借走了。"热门的书吧激起创实孩子阅读的热情，这是体现书吧真正的价值所在！

我历经的评语N式

评语既像一面镜子照见孩子的表现风貌,也似一块路标激励学生的前进方向,还如一条纽带链接师生之间、家校之间的情感关系。

当了20多年的班主任,写评语是期末的一项必修课,也算比较大的一项工程。回顾一下,我历经了以下几种形式。

一开始,用第三人称形式表达,"该生与同学相处怎样怎样,该生在课堂上表现怎样怎样……" 我读小学的成绩报告单目前还保存着,翻开评语栏,老师也用这样的语气给我评价。所以很长时间我们都觉得评语就是这样写的。

某一天,在报纸上看到一篇报道,评语有了新的表现形式——用第二人称,如诗一般语言表达。报纸上还有几篇范例,一读真感觉第二人称比第三人称亲切很多,如"你是一个怎样的孩子,你拥有怎样的好品质……"后面的内容大多表达赞美之词,而且语句多采用排比的形式,一则评语犹如一篇小散文。

小散文的形式表达,语言优美,读着让人赏心悦目。散文式的评语提倡挖掘孩子的闪光点,内容基本都是溢美之词,你好我好大家好,重在体现评语的激励作用,从评语中看到的全班都是好孩子。而且这类评语撰写工作量太大,语句的修饰,表达得错落有致,占用期末很多的精力。

班级开展"小组合作竞赛"管理模式后,评语也发生了改革。一则评语分三部分:组员评价、组长评价、班主任评价。第一学期尝试这样做,还意外得到了校长的认可和表扬,当时校长女儿在我班上,从家长的身份,他说这种形式的评语信息更加全面,可以多个角度了解女儿在班级中的表现,评价更加客观。

学生一起参与写评语，花样可以变：自评、同桌评、好朋友评、四人组长评、小队队长评等。采用这种形式的评语有几点建议：

1. 适合高年级，孩子具有一定的表达能力为前提。

2. 互写评语的孩子不要重复，这学期张三、李四给我写，下学期张四、李三给我写，看看大家眼里的我有哪些相同，哪些不同，帮助自己更加全面了解自己。而且多年以后，这些纯纯的文字就是班级同学给自己留下的珍贵回忆。

3. 孩子写完后老师要做好把关工作。有些孩子会直呼别人绰号，或直露露揭别人的短，类似不雅的表达老师要做适当修改。

这学期教三年级，让孩子们参与写评语并不合适。上学期我动笔写的，若这学期还是我写，差异不会太大。所以期末阶段我在思考，成绩单上的评语以何种方式呈现，发挥它该有的作用和价值。于是就设计了下面一份模板：

姓名_____

1. 这学期，我凭自己的实力争取到了_____岗位，有机会服务集体、同学，也锻炼了自我的能力。

2. 学习态度、学习习惯将决定我以后的学习高度，经自查这学期我未完成作业的次数是（ ）次。

3. 创实星反映我在学校学习、纪律、卫生多方面表现。这一学期，我凭自己的努力积累了（ ）颗。

4. 创实币是我综合能力的体现。这学期，我用创实星及各种好的表现赚了（ ）分。

5. 奖状是我某一方面的特长表现，这一学期我一共荣获了（ ）张，分别有_____。

6. 一学期结束了，我要总结一下本学期自己的表现_____
_____。

7. 下学期，我对自己的祝愿是＿＿＿＿＿＿＿＿＿＿＿＿＿＿＿＿
＿＿＿＿＿＿＿＿＿＿＿＿＿＿＿＿＿＿＿＿＿＿＿＿＿＿＿。

此模板结合了这学期班级开展的主要活动，落实培养学生的主要目标——自主，包括自主管理、自主学习、自主生活，以量性评价和质性评价的方式呈现。

第一条，对应的是班级自主管理。这学期学生参与班级常态管理主要有两条途径：值日班长和创实岗位分工制。班级自主管理倡导"人人为我，我为人人"的服务精神，以能帮助班级、帮助他人做事为荣。当然在服务他人的过程中要让孩子们感受到岗位赋予他们的荣誉和锻炼意义，只有这样才能体现出岗位的价值，孩子们才会珍惜上岗的机会。

第二条，对应的自主学习。班级个别孩子的作业习惯不是很好，丢三落四基本每天都上演。所以一学期下来，作业完成情况让他心中有个数，对作业态度有个自我认识。

第三条、第四条，对应的是这学期孩子们的自我表现、自我管理情况。创实星和创实币就是很好的参照依据。

第五条，对应的是特长类的展示情况。

五条量化考核，能比较清晰地反馈出这一学期孩子们在班里学习、生活的状态。量性考评偏硬性，所以后面又设计了两条质性的评价，让他们自我总结本学期表现，以及展望下学期的努力方向。对三年级孩子而言，可能还不太会写，主要在于引导他们有意识地展开自我反思，提高自我总结、自我规划的能力。

评语有很多种表现形式，但首先要考虑发挥它最基本的功能——评价功能、激励功能。评语既像一面镜子照见孩子的表现风貌，也似一块路标激励学生的前进方向，还如一条纽带链接师生之间、家校之间的情感关系。其次，评语撰写融合班情，如班级的育人目标、系列化的活动等，这样才不会千篇一律，更富有创意，更富有个性。

寒假过出节奏感

有人把寒暑假说成是孩子"弯道超车"的两次机会，不无道理。

亲爱的家长，孩子的寒假生活过去了近一周，这一周孩子在家的表现，您认可吗？

或许在假期里，您与孩子走得近，发现了孩子悄然成长的气息，在家更独立，能帮家长做更多的事，想法更成熟了……

或许在假期里，您因为要上班，没有更多时间陪孩子、管孩子，而心生烦恼。

或许在假期里，因为学习、睡懒觉、手机、电视等事情，您与孩子意见分歧，产生了一些摩擦。

总之，孩子放假长时间在家，您有乐也有愁。不少家长发愁是因为，不知道该如何引导孩子度过一个充实快乐的假期。今天我来陪您唠唠嗑，谈点寒假生活的想法。

有人把寒暑假说成是孩子"弯道超车"的两次机会，不无道理。

寒假生活近一个月，一个月的假期说长不长，说短也不短，如果得过且过，时间很快溜过去，回过头没有什么成长和进步。

如果把假期生活安排好，就能弥补平时因为上学没有时间而留下的很多遗憾，孩子有更多自主的时间安排活动、学习、自己想做的事，从而锻炼提高孩子多方面的能力。

凡事预则立，不预则废，事先有计划有准备，行事就有目标有方向，更能把事情做成功。将近一个月的寒假生活，预先做个整体规划，可以把长假分成三个阶段，每个阶段侧重落实各自目标。

第一个阶段：前十天

主要目标：以完成学校寒假作业为主

家长指导：

1. 帮助孩子制订"寒假计划表"

制订计划表的好处：① 合理安排一天的时间，培养孩子时间观念；② 对照"计划表"，提醒孩子"当时事当时毕"；③ 按照"计划表"，做事有目标，行事有效率。

制订计划表的过程：（对于小学生来说，需要家长一同参与指导）① 您可以先口头跟孩子交流，听听他的说法，不合理之处跟他友好协商；② 从网上找寻一些他人的计划表，参考时间分配、格式图案，带给孩子一些启发和灵感；③ 鼓励孩子在较为规范的纸张上，用自己喜欢的形式记录下来，然后张贴在醒目的位置上。

制订计划表的提醒：① 计划表内容应考虑到自己孩子的实际，不易过满，给孩子留一些机动的余地；② 过程稍有点仪式感，给孩子一个美好念想，也会引起孩子重视；③ 前几天家长帮扶多一些，多提醒孩子对照计划表，适当鼓励，以能坚持。

2. 给孩子腾出一个安静整洁的学习空间，有一个孩子专属的学习场所，并要求孩子自己做好日常整理。

3. 每天抽几分钟和孩子聊聊学习、生活，翻阅一下孩子当天的作业，适时给予一两句评价（不要只是批评，打击多了孩子容易泄气，若作业不理想，给孩子时间重新完成，行动上的落实比任何言语批评都有效。）。

第二个阶段：中间一星期

主要目标：感受生活中的年味

春节的起源蕴含着深邃的文化内涵，在传承发展中承载了丰富的历史文化底蕴。春节期间，各地均有各种庆贺新春的活动，展现各地的风俗特色。向生活学习，对孩子来说，这是最好的学习途径，最佳的学习方式。

家长的指导：

如买年货可以带上孩子，让他感受商场中的年味，和孩子一起挑选年货产品，随机跟孩子聊聊过年吃的特色。

如过年扫尘让孩子一起参与劳动，干干净净迎新春，作为家庭一份子理应付出劳动，只有出过力，才能更让孩子体会到整洁的美丽。

如过年贴对联。高年级的孩子在语文课上学习过对联，可以请孩子读一读吟一吟贴着的一幅幅春联，不仅了解对联写的内容，更去感受春联中美好的寓意。

如拜年，可以渗透给孩子走亲访友该有的礼节；如收压岁钱，让孩子明白压岁钱这一习俗的来历，以及如何使用才更有意义。

第三个阶段：开学前一周

主要目标：作业查漏补缺，预习新内容迎接新学期

良好的开端是成功的一半，为了新学期有一个良好的开端，这一周要让孩子做好开学前的准备，此时准备工作越充分，开学时的心态就越从容，不会慌张，不会焦虑，新的学期怀揣着憧憬和自信开启。

家长的指导：

1. 孩子作业完成情况检查。寒假作业比较多，孩子嘴上说，都完成了，但未免有遗漏。所以，家长对照老师发下的作业内容，和孩子一起做一遍检查，不合格或是有遗漏，及时补上。

2. 回顾和展望。与孩子交流的时候，可以随意和他们聊聊这个假期的感受，新学期的憧憬打算。

3. 若有下册教材，也可让孩子翻阅起来，了解新课本的知识，拉近与新知识的距离。

"整体规划，各有侧重"是一个大致的概念，目的在于分解目标，有目标驱动，有方向指引，孩子的寒假生活就会过得更有节奏，更加充实有意义。

拿什么评价你——寒假作业

作业批改的目的是什么？我能不能不花太多时间和精力达到预设的目的。

有次我们初中同学小聚，有一位与我同职也是个小学老师。

饭桌上扯到老师的话题，我那同学直接诉苦：这几天累死了，检查学生的寒假作业，布置了5样，一样一样检查，改得眼花了，颈椎病犯了。

另一同学不解地说："干嘛布置那么多作业，你们老师自找的。"

同学接上："不布置作业，一些孩子寒假里就不学习，新学期就落课了呀。"

虽然一桌吃饭，我没插话，但身为老师有同感，寒假、暑假不布置作业不放心，布置了开学初的批改就成了一项大工程。再加上开学季学校事务、班级事务接踵而至，怎么样让自己不忙得焦头烂额，我就时常想一些偷懒的办法，例如，检查学生的寒暑假作业，根据不同的班情、不同的学期，我的偷懒办法也不一样。这学期我是这样做的。

第一轮：学生代表检查。

报到那天，邀请了4位检查作业的学生代表，他们是郑俊昊、江涵斌、李梦冉、康嘉欣，这4位孩子平时学习能力强，作业态度端正，而且上学期有协助老师批改作业的经验。先与他们讲清楚检查的要求：按照作业纸上的内容，一项一项查下来，检查完一项把评价语标注在旁边。

写评价语，一来督促检查的孩子认真对待；二来给被检查的孩子一个反馈；

三来方便我大致了解孩子作业的总体情况。

学生到校后，作业本一律放在自己的课桌上，4个孩子每人检查一大组。当时，我在讲台前完成班级报名工作，这4位代表也同步开展检查作业的工作（那天同步的还有部分家长和学生帮着打扫教室，还有一些家长和孩子把新课本领到教室）等我报名工作完成，4位孩子的检查工作也基本完成，借用统筹方法，那个半天工作效率超高。

其他孩子放学后，留了这4位代表，干什么呢？向我汇报检查作业的情况，掌握第一手情况。从他们的汇报中我基本了解了每一组里哪些孩子寒假作业态度端正，有哪些特色性的作业，哪些孩子作业没有完成好，存在什么问题。

并且要求他们回家准备加工，第二天向全体同学汇报检查情况。为什么继续唱这一出？给这4个孩子一次机会，既是展示，作为代表发言多光荣；又是锻炼，他们的能力越强越能帮班级做事。对于其他孩子来说，这是一次寒假作业的总结会，只不过总结的不是老师，而是同学。

同学总结更有吸引。第二天语文课，4个孩子逐一亮相，其他孩子都目不转睛盯着他们，期待被他们表扬，也担心批评的名字里有自己。4位孩子的汇报很全面（没留书面稿，原本可以来一篇范稿），大致汇报内容如：我检查哪一组，作业总体情况……要表扬……这些同学的作业特色表现在……组里还有一些态度不认真的孩子，他们是……他们的作业存在的问题有……这次作业进步比较明显的有……最后给整组作业提出的建议有……

同龄汇报的好处就是讲的东西容易被接受，表扬也好，批评也好，建议也好。对作业的总结和展望，4位代表也都替我做了很好的发言传达。新学期第一节语文课主要就做了这件事。

第二轮：我简单查阅。

报到下午学生放假，我在办公室大致浏览了一遍孩子的作业本，没有精批，但能从作业本的字迹、完成的数量基本了解孩子完成的态度。特别优秀的在名册上做了登记，在群里向家长做了反馈，以便家长了解孩子寒假作业的完成情况。

第三轮：奖励

结合学生代表和我的检查，对作业优秀者予以奖励，再次起到正面的激励作用。

三轮下来，不累，效果也不错。我后来反思，还能做得更加扎实：比如，4位同学批改之前指导环节有点匆忙，因为我急着给其他孩子报名。原本应该提前一天告知，让他们提早到校，这样有足够的时间把检查要求说得更加细致，能与他们一起示范批改一两个孩子的作业本就更好，指导到位他们工作的时候更有方法可依，说不定检查反馈汇报的质量能更上一层楼。

"作业批改的目的是什么？我能不能不花太多时间和精力达到预设的目的。"每次偷懒之前我都会问自己，然后就想到了一些做法，不成系统，写出来只为抛我的一块砖引您后续的玉。

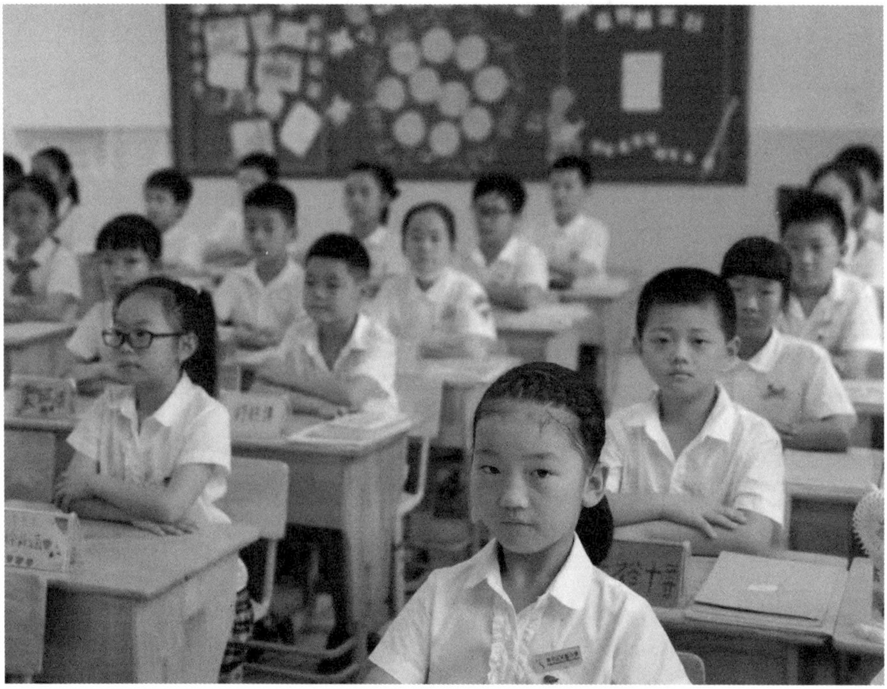

第二章

倾听来自孩子的声音

倾听是一种关怀,蹲下来,倾听孩子的心情和想法,这才是建立和谐师生关系的开端。

可爱的小粉丝

明星才有粉丝，我不是明星，但我有一群可爱的小粉丝。

明星才有粉丝，我不是明星，但我有一群可爱的小粉丝。

上学期孩子们知道我有一本书即将出版，就隔三岔五问我："俞老师，您的书什么时候到？""俞老师，暑假我每去一趟书店就要找一遍您的书。"

昨天，他们知道我的书在新华书店上架，居然都去书店捧我的场。晚上六点左右班级微信群开始活跃，黄兴科妈妈上传了一张买书的照片，说下班到家儿子就跟她讲："晚上要去买俞老师的书，我现在不是俞老师的学生了，是她的粉丝了。"从热闹的微信群里，我才知道昨晚的新华书店差不多被我们班的孩子包场了。

很晚，有家长跟我聊，孩子拿到书迫不及待阅读，看到自己的名字出现在书里兴奋极了！我说，这本书本身就写给上一届和这一届的孩子，记录着我和他们之间一个个温暖的故事。

今天早读课一结束，不约而同在我的小桌子前排起了长队，拿着书说："俞老师签名！俞老师签名！"突然形成的阵势让我有点受宠若惊，本想跟他们说："我们天天都在一起，没必要签名了吧？"但又一想：顺着他们更好！第一节语文课原本执教《古诗三首》，因为大家讨论我的书余温不减，所以干脆换成口语表达课"说说俞老师的新书"，这话题一下子引起孩子们的共鸣。

听他们说昨天买书的经历。杨晨乐说："我进新华书店直接跑二楼寻找，没有,再跑到三楼也没有,最后才知道俞老师的书就放在大门口,我居然进门太急没看到。"周雍奇说:"我进去的时候正好见一位中年妇女在翻阅俞老师的书,我顺势隆重向她介绍书本的作者是我们的班主任,里面的内容写得可好啦!"马张媛说:"工作人员把俞老师的书叠成了一个漂亮的造型,我都舍不得拿,最后小心翼翼取了一本。"

听他们说阅读的经历。"买到书迫不及待翻开来看,真想一口气把内容吞下去";"昨晚阅读了两个小时,都不愿意睡觉了";"看到书中写自己的事同学的事,真过瘾。"

听他们反映阅读后的感受。"从一个个小故事中,我知道俞老师和上届的学哥学姐相处得很融洽,学哥学姐都非常得优秀。""看到书中学哥学姐们举行的商品交易活动,我很羡慕,建议俞老师给我们也举行一次,我的物品对我来说已经没有吸引力,但是对其他同学来说可能很喜欢,这样的交换很有意义。""我建议俞老师在班级也实施'护眼星活动',因为我发现班级同学目前的书写姿势不够规范,需要用护眼星来激励"……孩子们更多关注了我和上一届学生的故事,他们认为很多值得学习。

还有孩子呼吁:"俞老师,您第二本书什么时候出版?封面设计用红色吧,红红火火!"这一话题又激起千层浪,接着他们开始帮我设计第二本书的刊出方案……呵呵,我的这群铁杆小粉们,他们比我更兴奋呢!

教师节，我们的小温情

> 在孩子们面前我会很真实地暴露自己，会臭美，会撒娇，在他们面前把自己也活成一个孩子。

开学就迎来教师节。教师节怎么过？

不能让家长有困惑：要不要给老师送礼？不送礼老师会不会有想法？

不能让孩子有攀比：你送了，我也要送。

不能让自己有尴尬：花、贺卡、巧克力真的代表孩子喜欢你吗？

拟了一份倡议书原本打算发在班级群里，请教了办公室的同事说不妥，虽然你的出发点想传递正能量，但万一有家长误会此地无银三百两，岂不自找麻烦。其实倡议书只想表达三点内容：

1. 引导孩子传承"尊师重教"的美德。感恩曾经教过的以及今后将会遇见的每一位老师。

2. 用简单朴素的方式向老师表达感谢，可以是一句祝福，一幅画，一首歌，一段文字，既见真情，又能让孩子学有所用，这是最绿色的礼物，是老师最愿意接受的礼物。

3. 拒绝用钱买各种礼物，违背教师节的本意。

最终没有在班级群里发上去。但是上周末跟孩子明确了教师节咱不买花，不买贺卡，因为这些花的都是家长的钱。如果可以，用你的方式传达一下对老师的爱。

因为教师节那天正好要外出培训，所以提前一天我们用一节课来庆祝。

江雨涵第一个上来，说："俞老师，我写了一首小诗。"她很认真读给我听。

她回座位之前，我说我们抱抱。我张开双臂我们有个大大的拥抱，这个拥抱是送给懂事的她，也告诉所有的孩子：老师可以像妈妈一样离你们很近。

接着上来的是周乐伊带领的舞蹈三人组，课间我就见着她们在走廊练习，我很欣赏她们在公众场合能大胆释放自己。台上表演的孩子落落大方，台下坐着观看的孩子反而显出一副害羞的模样，三人行不光秀了一把才艺，还给所有孩子上了展现自我的一课。

郑同学用棒冰棒制作成一幅手工作品，作品里有房子，他说这房子代表俞老师累的时候有地方休息；作品中的风车代表俞老师事业有成，生活幸福。

陈柯豪抱着一只乐高拼成的小熊，我问他："为什么拼一只熊送给老师？"他说："熊有安全感。"我追问："是俞老师让你有安全感，还是你想让俞老师有安全感？"他估计也没想到我会这么问，一下子答不上来。我拍了拍他的肩膀说："我们彼此都会因为有你而感到安全和开心！"其实，这就是我理想中的班级——孩子、老师彼此有一种心灵的默契，彼此成为精神成长的伙伴。

画是何同学送过来的，她问我："俞老师，您喜欢吗？""把我画得那么美当然喜欢啦！"在孩子们面前我会很真实地暴露自己，会臭美，会撒娇，在他们面前把自己也活成一个孩子。

下课后，我没急着去办公室，一群孩子围上来。我问他们："这样过教师节，你们认为好不好？"孩子说："好！好！送花一会儿谢了，送糖要蛀牙，今天这样既锻炼我们，又过得很开心呀！"

虽然没有鲜花，虽然没有刻意去准备仪式，但是与孩子们相处的小日子中有温情。

课后我觉得自己没做到位的是，没有邀请任课老师参加，教师节应该让孩子与所有任课老师都有一次情感的链接，而不单单是我班主任。临放学前，我提议明天上课起立问好，向每一位任课老师大声表达"**教师节快乐**"！

520，你表白了吗

> 我有一群可爱的孩子，他们惹我哭，逗我笑，给我快乐和惊喜。

520，是个美好的数字，谐音"我爱你"，据说是个表白爱的日子。

为什么用"据说"？因为觉得那是小年轻的节日，我已过了那个年纪；还因为家里理工科的老公，向来没啥浪漫的举动，所以用不着惦记。

因为不曾憧憬，所以忽然收到"表白"，就成了一种惊喜。

惊喜一

下午上完课走进办公室，隐隐看到桌上放了一包吃的，正想问同事："谁又分好吃的？"走近看到下面压了一张纸条，醒目的"520"，刹那就知道被表白了。

特别让我感动的是写在上面的时间"13：14"，充满爱意的时刻，小姑娘用心选的。

悄悄地收藏下这份惊喜。

惊喜二

下午第三节课，孩子们在阅读，我在批改昨晚的班摄（日常孩子记录班级生活的小日记）。改到一篇题目是《"爱哭"的老师》，心里咯噔一下：在孩子面前控制不住红过几次眼眶，这下抓住了我的软肋，要小瞧我了。

文章回忆了我的三次"哭"，随着她的文字，三件事历历在目：

第一次，是因为批改郑同学的班摄，读到了这样一句话："我知道我的学习成绩很不好，在老师心中是个坏孩子。"孩子把成绩不好与坏孩子等同起来，自己把自己定位成"坏孩子"。平日在班里，这个孩子很乖，对老师有礼貌，与同学相处很友好，想着他这样写有多委屈自己，当时心中莫名的酸楚和舍不得。

后半节课和孩子们交流了两点：1. 评价一个孩子表现好不好，依据不是成绩而是态度，包括学习态度、待人处世的态度；2. 每个孩子都是在不断变化发展的，谁都不能过早给自己下定论好或者不好。

最后，我提出拥抱那个男生的时候，孩子们眼眶红红的，我也是。

第二次，是班干部竞选演讲。

性格内向的陈同学，终于鼓起勇气站到同学们面前，道出了藏在心里已久的话："以前因为胆小错失了很多机会，这次想战胜自己，所以坐在位置上不断鼓励自己，终于做到了。虽然我站到了讲台前，但是心里依旧害怕……"说着说着他掩面而泣。孩子克服了内心的惶恐不安，勇敢走上台，他是多么珍惜这次竞选的机会呀。忽然教室里响起了一阵热烈的掌声，就像一场及时雨给了陈同学莫大的鼓励和信任。虽然一开始竞选的氛围很激烈，但这一刻陈同学的真诚、孩子们的温暖融化了我，感动得我眼眶湿润。

第三次，是刚刚上两天的事。试卷讲评课，江同学做了一回小老师。当她回到自己位置上去的半路又折回来，跟我来说了一句话："俞老师，您平时上课真的很辛苦，我讲了一会儿嗓子已经受不了了。"当老师跟当妈一样，孩子的懂事、体谅也会让人倍感欣慰。

文章最后孩子有一段表白：

520，我爱你，不是单单指爱情，还指师生情、友情、同学情。我要对每一个同学，每一个老师说："无论我曾经还是未来身在何方，我永远爱你们！"

孩子说得对，520不单单指爱情，不单单是个向异性表达情愫的日子，不单单属于年轻人，心里有爱都可以表达。

我最后想说，520，没有鲜花，没有浪漫的礼物，但是我有一群可爱的孩子，他们惹我哭，逗我笑，给我快乐和惊喜。与他们相处快一年了，接收过他们很多爱的表达，我从来没有向他们表白过，今天我要说："谢谢你们孩子，我爱你们！"

偶尔"贿赂"一下

孩子们兜里藏着糖,走出办公室的时候个个非常开心,当然我们也有约定要遵守学校纪律,糖留着放学后再吃。

一早到校,王扬就来找我:"俞老师,班级话筒没电了,借一下您的数据线我去充电。"王扬是我们创实班的小总管,虽然岗位没命名,但是我心里早就认定了。

你看,话筒这么小的事他都惦记着,有他在总觉得很温暖。除了王扬,班里的一批小干部都挺能干。我们创实班有两套"班子成员":一套是"小组合作竞赛"管理制度下的8位队长,分别负责带领4个小队的成长;还有一套是负责日常管理的"值日班长"。这些班干部尽心尽责,为班级做了很多工作。

上星期有老师送了我一盒巧克力,还没开封,今天我就想着"借花献佛"奖励一下这群班干部。第一节下课,我把他们邀请到办公室,起先他们不知道为何事,一路走来交头接耳,窃窃私语,大概是在猜测,但是从脸上绽放的笑容可以知道他们很开心,因为以班干部的名义受邀到办公室是一件光荣的事情。

我开门见山说:"今天把你们请来是奖励大家几颗糖,感谢你们全心全意为班级出力。虽然几颗糖并不起眼,你们家里也多得是,但是奖励的意义不一样,证明你们工作都完成得很出色。"不要小看这几句话,瞬间使这几颗糖变得非同一般,意义非凡,孩子们都伸出双手来接。

而后,我也顺带向他们了解了对自己岗位的看法,听取他们的一些建议。小干部们普遍认为班干部是一份苦中有乐的工作,比别人多做事但是比别人有更多的机会锻炼自己各方面的能力，心怀感恩。这说明他们认识到了岗位的价值，愿意为班级做事，愿意去做就能把班级工作做好，这是一个良性的循环过程。

虽说是几颗巧克力糖，却是对他们工作付出的肯定。孩子们兜里藏着糖，走出办公室的时候个个非常开心，当然我们也有约定要遵守学校纪律，糖留着放学后再吃。

班干部是班集体建设的主力军、领头羊，平时对他们的要求会比较多，也会比较高，偶尔"贿赂"一下十分必要，既有利于增进我和他们之间的情感，也有利于提高他们对自己岗位的认可程度。

小书签，大价值

借助书签链接了孩子之间的情谊，链接上了一座城，链接上了阅读，也链接了我和他们的感情。

人和人之间的感情靠培养，与爱人如此，朋友如此，学生也如此。

外出培训学习，有时间的话会给孩子们去挑礼物，书签是首选。一来不贵，二来它和书有故事。上周培训结束，去了城隍庙一家"三生有信"小礼品店，给孩子们买了几包小书签。

若是简单送，它就是一张小书签，若是加上一些仪式感，小书签就会呈现大价值。

赠送之前我做了功课。在每一张书签背面写上了孩子的姓名，签上名就代表专属送给他的，比一张空白的有意义，孩子的感受会不一样。

1. 借小书签寻有缘人

赠送的时候，我们玩了一个小游戏。因为书签内容有重复的，若是发到一样的就属于有缘人，上台合照一张。怎么想到这样玩？第一，让赠送的过程有意思一点。每个孩子都特别想知道自己和班中谁最有缘，过程充满着神秘和未知，孩子们个个伸脖子睁眼睛，期待着、盼望着揭晓谜底。第二，真正的目的在于促进孩子们之间的友谊。孩子们平时交往的小群体是比较固定的，虽在同一个班未必有很多交集的机会，未必在意过彼此。如此一玩，重新"洗牌"，说不定往后在班中就会多看他几眼，多在意这个同学。

寻觅中的有缘人或在意料之中，但大多数在意料之外。教室里不时发出

"哦——""啊——"惊呼声，包裹着孩子们的开心、喜悦，三四个孩子上台齐聚，相拥或是握手，彼此有了一次友谊链接，"咔嚓"再来个特写留个纪念。

2. 借助小书签了解大上海

买书签的时候我特意挑选了"上海景点"，班级很多孩子没去过上海，我想借书签让孩子们了解这一座魔都，开阔他们的眼界。

每一张书签正面画着上海的一处名胜景点，背面有一段话介绍。发到书签后，我请孩子们认真读一读背面的介绍，对这个景点有个大致了解。然后邀请一些孩子上来把书签上的景点分享给同学们，介绍的时候还可以相互补充。这样一圈下来孩子们对上海较为著名的景点，如东方明珠、外滩、豫园、迪士尼等有了初步的印象。也让我萌生了一个想法：以后到一座城就给孩子们带介绍这座城的书签，顺带让孩子们了解这座城市。

3. 借小书签激发孩子们阅读的热情

小书签是阅读的伴侣，我希望孩子们看到小书签就惦念阅读。在书签上我特意留了一句"今天你阅读了吗"？一开始也犹豫要不要写，会不会引起不喜欢阅读的孩子的反感，但最后还是决定写上。

班级小部分孩子没养成阅读习惯，平时很少见他们阅读课外书，所以我们又立下一个约定：每天课外阅读累积1个小时，在书签上画"正"记录，一个月后比一比哪些孩子坚持得最多。此处也有小插曲，我问他们在书签上"画正"记录好不好，居然都回答"不好"，我想难道他们连开始的决心也没有吗，后来一问，孩子们说："我们舍不得在书签上画线。"这让我好感动，一张小小的书签，孩子们如此珍视。我答应他们下次外出还会带书签，他们才同意在书签上画"正"。

孩子们说："小书签是俞老师从外面带来的意义不同。""小书签是俞老师的一片心意。"我知道书签本身并不值钱，但是借助书签链接了孩子之间的情谊，链接上了一座城，链接上了阅读，也链接了我和他们的感情，已经发挥出极大的价值了！

种下教室的小美好

> 善于发现教室中的美好，浇灌它，呵护它，美好传递美好，美好启迪美好，若是等到百花齐放，我们的教室就会一片生机盎然，芳香扑鼻！

一早进教室，孩子们已经早读，我来到讲台旁，咦，谁把几张纸条摆放在书架上，貌似影响美观？昨晚值日生没整理书架，没清理干净吗？我凑近去看，有三张长的，三张小的，长的纸条上写着"交流书签""问答书签"，小的上面写着"留言卡"。

我拿起其中一张翻过来，发现背面还写着"学霸投票"，我仔细看了看，没看明白啥意思。然后我把其他纸条都翻过来，发现每张都有不同的内容，一张写着"树洞"，提了4个问题；一张写着"签名墙"，分列"签名"和"自画像"，底下还跟着一句"PS：越让人认不出越Good"。小的三张背面写着名人名言，还配有微型插图。这6张书签的设计不得不赞叹是用心之作，创意之作！

是谁设计的？摆放在书架上用意何在？我很好奇。等孩子们都到齐了后，我打算了解此事，采访书签后面的神秘人物。

我举着书签，惊喜地问："孩子们，俞老师一早就发现了我们教室中的美好，你们看，在书架上出现了6张设计精美的书签。这是谁设计的？"有几个孩子事先知道，大声报名字："张艺萱！"张艺萱也举手，说："俞老师，我设计的。"声音不响，只对着我说。这小姑娘我最欣赏的是轮到表扬，她从不表现得沾沾自喜。我把她请到讲台前，说："我特别想采访一下，你怎么想到设计书签呢？"

小姑娘回答："班级图书角有很多书，书签能给大家阅读带来方便，原本是打算把家里的书签带来，想想买来的不够有意义，于是就自己动手设计。"

同学们注视着她，目光里是赞许。接下去，小姑娘向同学们介绍了6张书签的创意："签名墙上"可以留下自己的姓名，画上自己的肖像；"树洞问答题"，可以把属于你的答案留在上面，让别人进一步了解你；"学霸投票"，投出你心目中创实班的学霸，看看支持率；名人名言是送给大家，鼓励大家好好读书。

最后我采访她："这6张书签大家可以怎么用？"她回答说："若大家喜欢，都可以拿去用，但要保护好不要损坏。"

桃夭老师写过一本书《种下一间教室》，刚看到这个题目的时候，我心想教室怎么能种呢？慢慢我就理解了"种"即是培育。善于发现教室中的美好，浇灌它，呵护它，美好传递美好，美好启迪美好，若是等到百花齐放，我们的教室就会一片生机盎然，芳香扑鼻！

臣妾狠心了一次

我现在开始去采蜜，勤快一点！

按约定还是讲人情？讲究制度的效力还是让孩子们都开心？抑或是这项约定本身就不科学？这是近几天困扰我的。

一

外出培训最担心班级管理，有句俗语："班主任就像一块咸菜石头，一走就怕咸菜浮起来。"怎么能走得安心？最好的办法就是孩子养成自主管理。班级从开学到现在每周都进行"自主小标兵"评选，目的就是培养孩子的自主精神。

外出前我做了一番功课，和孩子们约定：俞班不在，开展一次"争做创实十星级标兵"的活动。争哪十星？与孩子们商讨后，定了以下4方面：

- 一周作业得优，奖励三颗星
- 一周采蜜本得优，奖励二颗星
- "班级摄影台"没有被同学记录不良镜头，奖励二颗星
- 《班长反馈册》没有被班长点名批评，奖励三颗星

第一、二条是自主作业的评定，第三、四条是自主管理的评定。自主星达到6颗，我承诺回来另奖励小礼物，这份约定大家拍手通过。

这样的约定有成效吗？有的，比口头嘱咐效果好。对孩子来说，特别是低年级孩子，他们的自制能力、自我管理能力都不强，如此约定会产生一定的约束力，而且会让他们有一个盼头——小礼物的诱惑，这样还能起到正面导向作用。

礼物准备了39份，每人一份，但问题来了：若是有孩子没达到六星级，给不给礼物？按照约定不能给，不然约定失效，以后就很难执行；但从人情角度我是希望每个孩子都能分享到，我不忍看到孩子失落的眼神。

纠结的时候，心里没有答案的时候，很想听听别人的建议，与同去的蓝老师交流，她抛给我一句话：若是我，不给这几个孩子礼物，臣妾做不到！

我也不愿自己太无情，于是我开始琢磨如何在孩子面前找个说法，我想我可以给所有孩子发一份，然后星级高的孩子另增加一份，这样皆大欢喜，也起到鼓励优秀的作用。

二

双休日读厉佳旭老师写的《守护教育的良心》，文章里描述对两个熊孩子的教育，一开始对他们耐心谈话，讲宽容施爱心，不但没有起到任何作用甚至变本加厉。反而一次出其不意的动怒教育，促发他们开始反思自己的行为，有了改过的决心。书里这几句话给我感触挺深：

他们平时习惯了老师的和风细雨、柔言蜜语，习惯了被哄着宠着疼着护着，很少受到伤害。教师恰如其分地表达愤怒，能让他们幡然醒悟：这个世界并不只有温情脉脉的一面，并不总是只有迁就、退让和包容。而老师也并不总是只有爱心和耐心。老师也有责任，有原则，有底线，有尊严，也有自己的情感和情绪！

联系到几天来纠结的分礼物这件事，我有了新的想法：孩子若是没争取到六星，我分给他礼物，他肯定高兴，有了一次、两次，他也慢慢习惯老师的宽容，习惯被宠着疼着护着，他不会反思自己为什么没分到礼物，他不会有任何触动，更不会想到去改变。从教育效果来说，有时狠一次，虽然他一时会伤心，会失落，但是能让他长些记性，这不是比分到礼物更有价值吗？

三

下午班队课，孩子们知道我要来分礼物，还没上课就已经等待。这节课我做了下面几件事：

先认真向他们介绍了我选择的礼物，特别是后面印刷的几处湖北著名的景点，孩子们产生了浓厚的兴趣（后来分到礼物，一改往常迫不及待送嘴里，这次凑在一起兴致勃勃研究后面的图画）。

接着，请孩子重复了我们之前的约定，白纸黑字记在本子上。按照约定孩子们统计得星数。除了几个没达到，大部分孩子都在六星级以上。

统计后，我征求孩子们的意见："没达到星级的孩子，俞老师发礼物吗？"孩子们说按约定不能发。大家的表态让那几个孩子也意识到我们约定的严肃性。

发礼物前，我跟孩子们说："俞老师的礼物不贵，但，是一种奖励，是一种认可，证明你自主自律，这是你最该高兴的！"

几个没发到礼物的孩子，虽然羡慕别人，但也并没有我先前预想的失落，可能是对照着约定早就知道这个结果。下课韩同学过来问我："俞老师，这次我没得到礼物，下次还有机会吗？"我说："按约定做到当然有啦！"他说了一句我很愿意听到的话："我现在开始去采蜜，勤快一点！"

呵呵，孩子，这正是老师狠了心想要看到的。

你只要"轻轻问一下"

孩子清楚怎么做了,我就把这件事交给他负责。

一

收发"告家长书"是班主任常事,班级里这项工作我让严子兰在打理。

早上进教室,严子兰捧着两叠告家长书,向我来汇报:"俞老师,《防溺水》还差6份,《沉迷网络致家长的信》还差3份。"

"哦,你清点得很清楚。"我表扬她,然后问她:"那接下来你需要做什么?"

小姑娘大眼睛扑闪扑闪看着我,说:"俞老师,我打算去收齐。"

"你知道哪几个孩子没上交吗?"

她摇了摇头,说:"组长收上来的时候都乱了,也没记名。"

"是挺麻烦的!怎么办呢?"我追问她。

小姑娘思考了一下,说:"我先分组吧,再清点一遍,查出哪几个同学没上交。"

"哦,然后呢?"

"我去通知没上交的同学明天一定带来!"

"好呀,明天收齐交给王老师后告诉我一声哦。你也可以找一个小助手帮你一起清点,你会方便一些。"

"好的!"小姑娘捧着两叠《告家长书》转身去做事了。

第一节下课的时候,她邀请了江涵彬帮她一起分组清点。

第二天小姑娘向我汇报:"俞老师,两份'告家长书'全部上交了!"

二

下午,广播通知发新校服,5个男生自告奋勇把两大箱校服搬到了教室。

我问:"谁会发校服?"

小手如林。

"谁能说清楚发校服的步骤,谁就先有机会。"

江涵彬站起来说:

第一步,先分类,把女生和男生校服分开来,然后按尺码分成一堆一堆。

第二步,报名字,我报名字和尺码,报到的同学上来取校服。

我问他:"这样可以了吗?"

他皱着眉绞尽脑汁,还是摇了摇头。

我说校服箱子里有一张单子,有什么用呢?

他恍然大悟,说:"俞老师,发校服之前要对一遍,箱子里的校服是否齐了。"

孩子清楚怎么做了,我就把这件事交给他负责。江涵彬邀请了几位帮手,整个过程很顺利。我没有参与指挥,就一旁静静地看着。

三

前几天班主任工作交流的时候,有老师问:"班级小干部的能力具体怎样培养?"

我认为培养班干部自主意识很重要,不光知道我要做什么,更要知道我怎么把事情做好。但因为是小孩子,做事的能力和经验不够丰富,往往有一颗火热的心,一开始很积极,做到一半出现障碍了,就向老师来交差或者向老师来求救。

这时候咱别急着接盘，把没做完的事情揽下来，不妨轻轻问问他："接下去你觉得可以怎么做？"启发他们自己去思考，帮助他们理一理做事情的步骤，当他们清楚了步骤，就知道一步一步把事情做完整。若是布置的工作有难度，也可在交代任务的时候先问一问："你打算怎样完成这件事？"事先让孩子心里有个数，以便他顺利完成。

当他们很好地完成一件事情，心里会自然生发一种暗示：我很能干。出现这样的念头他们会感到很快乐，很满足。当这样积极的暗示多起来，他们就会在班干部岗位上看到自身的价值，对岗位拥有很强的认同感。这一种自我价值的认定，岗位价值的认同就是他们当好班干部的自信源泉。培养班干部如此，锻炼其他孩子也如此！

告状

"原来自己也可以做"是对自己能力的承认和肯定,这也正是他后来释怀,逐渐轻松高兴的缘由。

拓展课结束,江涵彬来敲办公室的门,走进来的时候左手捏着右手,委屈写在脸上,见到我就说:"俞老师,某同学从教室里跑出来,把我撞倒了,手被撞疼了。"说着他把手伸过来给我看。我看了看,没啥大碍,问:"你手腕转一下,疼不疼?"他动了动,说:"还好。"手应该没事,孩子心里有点委屈,所以跑到办公室来告某同学一状。

江涵彬是班长,大家眼里的优秀生。我看着他一脸委屈的样子,轻声问他:"你来报告俞老师,是很想让俞老师去批评某同学吗?"

他抬头看了看我,迟疑了一会儿,摇摇头。但凡来告状,其一目的就是希望老师去批评被告,但被我这么一问,他反倒不好说"是",何况江涵彬是个聪明的孩子,迟疑的过程他就在判断。

"那你能告诉俞老师,向我报告的目的吗?"我故意追问。他又侧着脑袋想了想,说:"我是希望他能改掉课间奔跑的坏习惯。"

"哦,你是希望俞老师去教育他,提醒他对吗?"我顺着追问。

此时他脸上的不快已经消失了,瞬间顿悟:"嗯,其实我也可以提醒他的!"

我要的就是他这句话,马上接上说:"我也这么觉得!"

见我认同,他开心起来,回了我一句:"俞老师,那我去了!"一副心满意足的样子，转身踏着轻盈的步子拉开办公室的门走出去了。

告状的事，小学阶段挺多。特别是低年级，这是因为小孩子处理事情的能力弱，碰到事首先想到的就是告诉老师；另外，现在的孩子都是宠着长大的，稍微不开心，就希望老师能帮着自己出气。孩子来告状的一般是些鸡毛蒜皮的小事，如"他拿了我的橡皮""刚才故意打了我一下""借了我的东西不还"等，处理这些事会消耗班主任很多的工作时间和精力。

随着年级的升高，告状一事可以逐渐"断奶"，很多同学之间的小纠纷，引导孩子自己处理，提高他们处理事情的意识，锻炼他们解决问题的能力，还班主任更多的时间和精力去思考，去开展其他的班级工作。

今天，江涵彬来办公室告状，走进来的时候一脸委屈，他的表情告诉我是想得到我的安抚，并能替他去批评撞他的孩子。但我一追问，他明白了处理这件事的目的是要让撞他的孩子知道下课奔跑是不对的，他意识到自己作为班长，自己可以做这件事，也是自己该履行的职责。"原来自己也可以做"是对自己能力的承认和肯定，这也正是他后来释怀，逐渐轻松高兴的缘由。

班级孩子告状少了，纠纷少了，同学之间相处也会更加融洽，有利于营造团结和睦的集体氛围。

第一次尝试群视频聊天

> 教育其实需要"肌肤之亲",没有了"面对面""手牵手",就觉得缺失了什么。

碰到疫情,寒假过得有点长,也有点闷。

每天在网上按时上课,但是看不见孩子的脸,听不见他们的声音,有点想。教育其实需要"肌肤之亲",没有了"面对面""手牵手",就觉得缺失了什么。

和很多老师一样,心里有一份牵挂:这个特殊的寒假他们过得好吗?一个阶段线上学习效果怎样?平时在家能做到自律吗?是不是也闷得慌?

于是,昨晚主动约了他们,在班级群里发了一则消息:明晚7点开通第一次群微聊热线,聊天内容:寒假生活。聊天对象:俞老师,另请6个小伙伴。聊天方式:微信群视频。报名方式:群里报名,6个名额报完为止。

这是我第一次尝试群视频聊天,也不知道原来可以9个人同时参与,不然就再增加几个名额。孩子报名是自愿的,接龙的形式,先报先得,名额很快报齐。

晚上7点,有那么一点期待。当我打开群聊,6个小窗口"嗵嗵嗵"跳出了6张熟悉的小脸,好久不见,小家伙们眼露惊喜,面露羞涩。呵呵,一段时间没见就是这样的状态,既兴奋,又觉着生疏,不过打了招呼,就慢慢放松了。

进入群聊,孩子们的状态是不一样的,平时能说的继续会说,如彭赫、周乐伊滔滔不绝式的;平时内向的认真听,听得也兴致勃勃,偶尔也会补充几句。我主要听他们说,偶尔提纲挈领或者总结一下,给点小建议,似主持又非主持,不带正儿八经的。

我们的聊天纯属漫谈式的，提前没有布置，没有任务，没有压力，想说什么就说什么，愿意分享就来分享，再加上是小范围的，氛围更是轻松些，而且能照顾到每一个孩子。这样的聊天方式在学校里基本没有，最多也只是课间在讲台旁拉几句家常罢了。

近一个小时的互动，孩子们相互聊了些什么呢？交流了寒假的学习生活作息；诉说了防疫期间所见所闻及心情故事；汇报了寒假学到的新技能；分享了近段时间网络学习的心得体会；过年回老家的同学向我们介绍了那里的生活情境。孩子们聊的内容有可聊的价值，如同上了一节多话题的口语交际课。

聊天结束后，李妈妈发给我一段视频，是李振宇同学在大声读书。李妈妈说，这段视频是她偷拍的，以前孩子不喜欢朗读，今晚自己在读书了。我回忆了聊天的内容，没有专门提到要开展有声朗读，可能是其他几个孩子寒假里坚持在这样做，给了李同学触动吧。

智同学聊天结束也发了语音给我，说："俞老师，第一次参加我有点紧张，想说的话没有完全表达出来，你什么时候举行第二次呀？"

孩子有反思、有行动、有改变，是聊天课附赠的教育价值，这点更显可贵。真正的教育很多不是发生在摆好教育架势的场景中，而是不期而遇的日常生活中，可能是一次感兴趣的聊天，可能是一件没预料的小事，从中有启发，有触动，想改变，从而开启了自我教育。

这次聊天，我也有收获。三个星期的网络上课，不如这一次聊天来得亲切，收获的信息多，听了他们的寒假见闻，感受了他们的寒假心情。孩子们还教给我提高网课质量的招数，比如布置作业设计几道练习，督促同学们听得更加认真；比如网课期间想办法加强与学生间的互动等，值得我后续思考改进。

线上教育还得持续一段时间，老师看不见学生，学生见不着老师，信息无法反馈，情感无法链接，师生关系随着降温。不妨找个时间，和不同的娃开启一段视频聊天，或许也是疫情期间教学工作的一种不错的辅助形式哦。

把橘子奖励给了这3个孩子

每个孩子跟自己比，只要有进步就是好样的，应该奖励！

开学一个月，这个周末是我内心最欢喜的，因为3个孩子在这周有明显的进步。周五最后一节课，我把3个橘子奖励给了这3个孩子。

一

奖励的第一个孩子是《他的纯，他的善，惹人疼》这篇文章的主人公杨同学。经常写作业拖拉的他，这周没被课代表记名字，说明作业都按时按要求完成了；上课的眼神很专注，没有转来转去的现象；那天请他站起来朗读课文，居然比较流利地读下来了，同学们都把掌声送给了他。

从我的分析，孩子改变最大的动力源于每晚坚持的"有声朗读"。每天晚上朗读20分钟左右，奶奶把视频拍给我，我会简单评价鼓励。第一周结束，我按约定奖励他一颗星星，而且在全班孩子的掌声中发给他奖励。到今天孩子坚持了两周，从以前读书张不开嘴巴，到现在能慢慢把一篇课文读下来，他自己也看到很大进步。

上次把写他的文章发给他奶奶，据他奶奶说孩子很喜欢这篇文章，要求奶奶一遍两遍读给他听。收到文章的那天，他给我打了一个电话说："俞老师，我一定要好好学习，对得起奶奶、爸爸妈妈、老师的关爱。"这一星期，孩子做到了，我很为他高兴！

二

奖励的第二个孩子是《流鼻涕的男孩》这篇文章的主人公韩同学。让我意想不到的是周五公开课结束，离开研修教室之前，这孩子竟然走到听课老师面前，恭恭敬敬鞠了一个躬，很有礼貌地挥手说："老师，再见！"这一举动让所有听课的老师和我都很感动。走到教室，我给他竖了一个大拇指，说："你主动向老师鞠躬说再见，非常有礼貌，而且表现出了你的勇敢！"这是我第一次郑重其事表扬他。

自从那天给他单独辅导后，他就常常找机会跟我来说一句，聊一句，比如早上到校就跟我来说："俞老师，今天我穿了6件衣服。"我说："怎么穿那么多。"他说："我怕冷！" 当孩子的心慢慢向着你的时候，他有一种信任的喜悦，我有一种被信任的开心！

三

奖励的第三个的是秦同学，高高的个子，白净的皮肤。虽然长得帅但让人不省心：课堂上坐不住，爱说话；一下课他就窜到教室外，奔来跑去，好几次被我单独叫上来批评。这星期，他变化最大的是有了一股学习的劲，特别是课堂上倾听专注，参与积极，不是一节课，一天，而是整个星期都非常棒！

秦同学的改变，也源于上个星期开始加入"有声朗读"。因为在全班孩子面前奖励了杨同学，所以很多孩子要求加入，其中一个就是秦同学。他也没辜负，每天晚上都按时把视频传给我。视频中的他中规中矩站着，一字一音朗读，对他来说最需要的就是这种认真态度的培养，至今天也坚持了一周。

四

我分橘子的时候，接受奖励的韩同学问："俞老师今天奖励的都是我们差同学。""是以前表现不够好。"我帮他纠正,又趁机跟他们说,"每个孩子跟自己比,只要有进步就是好样的,应该奖励!"三个孩子得到奖励很欣喜,平时见惯了好同学领奖,今天领奖对他们来说格外珍惜。

总结3个孩子的进步,源于学习上有了一种寄托——每晚都进行"有声朗读",看到了自己的进步,帮助自己建立了自信;韩同学的变化很大程度源于我对他态度的改变,从抱怨他幼稚的行为到愿意倾听,愿意耐心与他交流,孩子能感受到,和老师的一种亲近感催化了他各方面表现的进步。当然我知道,孩子真正意义的改变需要一个长期累积的过程,但有了上进的苗头替他们高兴!

班级小事中遇见的美好

> 高兴的心情很想和孩子们一起分享，也很想让他们一起来感受这些小事情中蕴藏的美好。

班主任的好心情源于班级小事中遇见的美好！

早上，我还没进教室，郑俊昊就拿着一份报纸，喜滋滋地来找我，喜滋滋地把报纸递上来，喜滋滋地向我报告："俞老师，我的作文又发表啦！"瞧他，笑起来眯缝起眼睛，弯起了嘴，露的牙齿还少了几枚，好似开心得刚掉下了一样。孩子脸上洋溢的笑顷刻感染了我，我也喜滋滋接过报纸，喜滋滋地夸赞："你真棒！"他转身走的时候，一蹦一跳，快乐得像只轻巧可爱的小袋鼠。

进了教室，有孩子迫不及待地来汇报："俞老师，你看，你看，图书角！"我扭头一看，哟，书快放满了！学校读书节，昨天孩子从家里带来了书，在班里做了简单介绍。但是他们发现带的书还不够多，只占了图书角柜子两格，于是提出来："明天继续带，我们要把书柜放满！"所以今早我一进教室，他们就向我展示成果，一脸开心，语气略带一点点得意，是高兴自己做到了，还是在期待我的表扬？总之，一早见他们眼睛有神，积极操心班级事情的样子，让我心里暖暖的。

再看后面的黑板报，已经漂亮完工。昨天放学出黑板报的几个孩子留下来，布置到很晚才回家，我来不及好好欣赏，也没有好好表扬他们。此时看着孩子们用心完成的作品，怎看怎好看，心情自然高兴！

高兴的心情很想和孩子们一起分享，也很想让他们一起来感受这些小事情中蕴藏的美好。

一上课，我就说："今天早上，我们班有三件令人高兴的事。"孩子们知道要被表扬了，一副很享受的样子看着我。"第一件事，要祝贺郑俊昊同学作文发表！"孩子们都鼓起掌来。我拿出金话筒邀请郑俊昊上来朗读作文。这篇文章写的是班里宋柯同学拾金不昧的事情，孩子们都向宋柯投去赞许的目光。宋柯呢，听着多高兴，被同学写进作文里，表扬做的好事，更何况发表在了报纸上，这让他感觉多么光荣。此时，无须我多说什么，孩子们自然能体会到这篇发表的作文带来的美好！

第二件事，说到图书角，孩子们马上夸蒋子烨，从家里带来了20多本书。我说："是呀，把自己的书放到图书角，这就是分享，愿意分享的孩子心有集体，心有他人，也必然受到大家喜欢。"蒋子烨献书的举动，让孩子们懂得班级中与人分享的美好！

第三件事，我夸到黑板报。一早来学校，大部分孩子都没太注意。我先请他们扭头往后看，然后来夸一夸这一期的黑板报。"排列很工整！""色彩很鲜艳！""很美观！"……孩子们的夸赞，就是对出黑板报孩子付出的劳动最大的尊重和肯定。课后，我还要邀请出黑板报成员一起拍照留念，发在群里。来这么一出，就是让大家都感受到为集体做事带来的美好！

纵使这些都是小事，也要把它捕捉住，把它放大，让孩子们都来感受班级中的美好。我相信美好的东西都能温润人的心灵，美好能滋养美好，美好能延续美好！

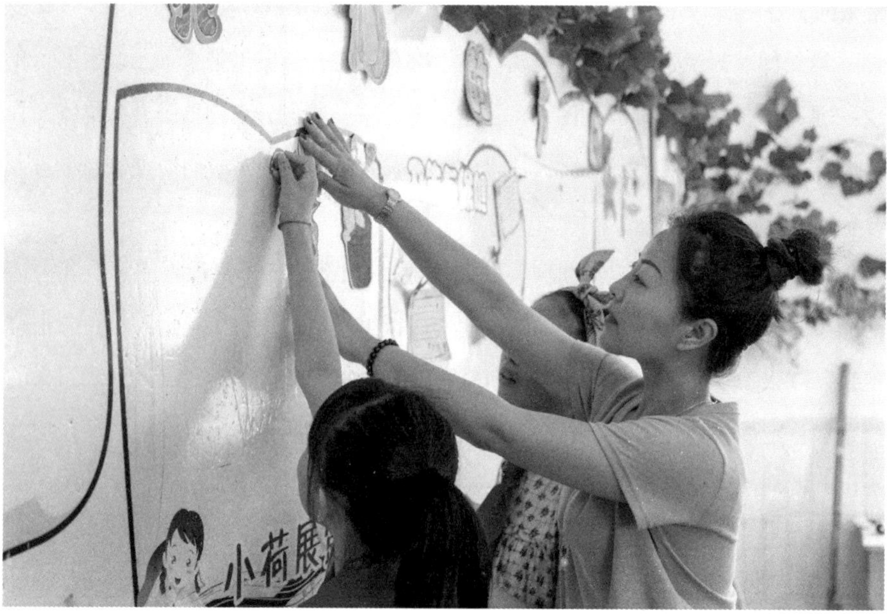
小荷展

第三章

绽放每个孩子的光芒

我发现,当一个学生感到他的努力是有价值时,他就会发出耀眼的光芒。

喊着喊着，有巨星范儿了

今天这样一个突然的契机，这样一个轻松的氛围，他走上来了，他开始向大家表达了。

夏同学坐在第四桌，也是倒数第二桌，男同学里算高，也算帅，要是瘦一些就是数一数二的帅了。他剃着小平头，根根竖起来，很有精神，眼睛乌溜溜的，炯炯有神。

夏同学在我面前特别内向，不主动举手，不主动与老师交流，偶尔跟他搭话也是目光躲闪，一脸羞涩。他喜欢看书，经常捧着书看得津津有味，像个安静的美男子。但是下课如果与同学玩起来，他也很嗨，有几次走廊上见他混在人群中嘻哈打闹，与平时安静羞涩的样子截然不同。

周五早上第一节语文课起立问好，其他孩子精神饱满地站起来，夏同学却缓慢地、吃力地从位置上站起来，极大的反差特别显眼。我说："夏同学，请你重新站一次。"他无辜地左右张望了一下，略显尴尬地坐下又站起来，节奏还是缓慢。知道他害羞，所以我笑着说："朝气蓬勃的年纪应该行动敏捷，身轻如燕，怎么感觉你老态龙钟了呢？"孩子们被我逗笑，夏同学也被我逗笑，一笑化解了他的尴尬。第二节课依旧是我的语文课，起立问好他的速度数一数二，估计红过脸他记住了。

今天语文课我们学习第五单元，其中一篇文章讲的是网络救人的事例，我请孩子们复述这件事，杨晨乐第一个上台，口齿清晰，表达完整，在同学们的掌声中走回座位。这个时候，我瞧见杨晨乐的同桌——夏同学，他的表情亮了，满脸绽笑，咧开嘴，弯着眼，含情脉脉地盯着杨晨乐，眼神里充满了无限爱意。等杨晨乐走近座位，他恭敬自如地打开双手做出一个绅士的欢迎礼，就像迎接亲密无间的战友凯旋。这一夸张的表情加动作若是搁在调皮孩子身上可能见怪不怪，但发生在平时安静害羞的夏同学身上，强烈的反差就充满了喜剧色彩。

我笑着说："孩子们，俞老师发现了我们班有一位同学跟阿米尔汗长得很像。"

孩子们四处张望寻找："谁呀？"

我说："夏同学！"

唰——所有孩子的目光像聚光灯汇集到夏同学身上。一时间，他变得有些局促不安，一脸无辜的表情，轻声问了一句："阿米尔汗是谁呀？"

知道的一部分孩子就来劲了："是《摔跤吧，爸爸》《神秘巨星》的男主！"

我接着说："他可是一颗巨星，我最喜欢的一位男演员！"

几个胆大的孩子朝着夏同学发出赞叹："哇！阿米尔汗！哇！阿米尔汗！"夏同学一时间恍恍惚惚，受宠若惊。平时在班里他都是默默无闻，估计是第一次被聚光灯打到，看得出他滋生了一些些小兴奋。

我也故作崇拜地看着他，并且很有诚意地邀请："创实巨星阿米尔汗夏同学，上台为大家复述一遍课文故事吧！"以前若是点到他发言，他会马上涨红脸，局促起来。今天他微笑着看着周围同学，也没有上台的意思。我带头鼓掌，说："咱们给巨星一些力量吧！"孩子们都鼓起掌来，在掌声中夏同学勇敢走上来，印象中他是第一次上台发言。

记得去年在中山公园开展环保亲子活动，活动结束后，孩子们自愿一个个上台发表活动感想，唯独夏同学不肯上台，始终不开口，我知道不是他不会说，而是在众人面前他不敢张口。

而今天这样一个突然的契机，这样一个轻松的氛围，他走上来了，他开始向大家表达了，尽管有些小紧张，边说边不停地搓动两只手，但无疑是一个很大很大的进步！

课后，很多孩子依旧朝他喊："创实阿米尔汗！创实阿米尔汗！"他都会心笑笑。

喊着喊着，说不定他真有巨星范儿了呢？我是这么想的。

流鼻涕的孩子

明白自己不应通过抗拒他的那些不良行为企图让他发生改变，而应以宽容的态度接受这孩子的稚嫩行为。

孩子们都在安静地做作业，忽然一个身影慢慢站起来，仰着头，微微转向后面。我很奇怪，走过去问："Q同学，你怎么了？"他很缓慢地转过来，朝向我，我看到两条鼻涕挂在他的鼻孔下，晃荡晃荡快要掉下来了。我问："纸呢？快把鼻涕擦了。"他没说话，他也说不了话，一张口鼻涕就会流进嘴里。旁边的孩子说："俞老师，他没有纸。"我从包里取出一包湿巾纸递给他。看着他，我不由得皱起了眉：这么大的孩子还一直流鼻涕，也不记得备着纸巾，任由鼻涕流得那么长，也不会想办法。让我不能释怀的还有孩子平时的表现——在班里跟不上节奏。

这孩子坐第一桌，个子瘦小，非常稚嫩。写作业时，他会经常走上来，愁眉苦脸的样子，用奶声奶气的腔调跟你汇报："俞老师，我的橡皮找不到了。""俞老师，我的铅笔断了，不能写字了。"第一、两次，我还耐心帮他解决，次数多了我也生气批评他："学习用品难道自己不准备好吗？"每当这时候，他就一脸无辜盯着你，看你没有帮忙的意思，嘟着嘴巴转身回去了。

一下课，他就喜欢在走廊上打滚，不管地面干不干净，他沉浸其中自得其乐，所以他的手、他的衣服经常是黑的。

这几天流鼻涕，他没意识到这是有煞风景的一件事，还转过来转过去。现在很少看到有孩子挂鼻涕了，何况是个三年级的娃，唉……

稚嫩的他再加上男孩的顽皮心，学习自然跟不上。晚上放学我留他订正听写，其实白天是有很多时间订正的，他都浪费在发呆或是在走廊里摸爬滚打了。当教室安静下来只剩我俩的时候，他意识到得做作业了。孩子是不笨的，知道作业非得完成的时候，就死心塌地一项一项做。

尽管被留下来一开始是不开心的，但是完成了任务，他有种成就感，起身很有礼貌地向我告别，我说俞老师送你出去。路上，我问他平时家庭作业谁在检查，他告诉我是爸爸，因为妈妈在奉化商场里卖衣服，每天晚上9点多才能回到家。到校门口路不长，但我们也聊了几个话题。

走出校门口，他爸爸等着，我第一次见，看起来很年轻，还戴着耳塞。我跟他简单交流了孩子在学校的表现，爸爸没什么话，只跟我憨憨地笑了笑，并不是我想象中愿意与我交流。

我转身回来的路上颇有感触。第一次把Q同学留下来，与他有了独处的机会，与他聊了学习以外的话题，孩子虽然很幼稚，但很有礼貌很真诚。以前我内心或多或少对他有过抱怨：不会听课，课后那么调皮；来读书学习用品都不准备齐全；做作业的习惯那么差；这么大人还流鼻涕，餐巾纸都不带。平时对他的态度或多或少会流露出我的不满。那一刻，我忽然觉得这孩子挺不容易的，每天晚上妈妈那么晚下班，肯定少了一些照顾和唠叨。家长工作那么辛苦，放在孩子身上的教育投入、教育精力就会相对比较少，这与家长一直陪着助力的那些孩子比，享受到的教育资源是全然不一样的。

Q同学跟不上节奏的那些行为表现，如果说我心里一直存有抱怨，甚至隐隐排斥，那一刻我理解，也接受了。明白自己不应通过抗拒他的那些不良行为企图让他发生改变，而应以宽容的态度接受这孩子的稚嫩行为。如此想着，我发现自己的内心也变得柔软起来，温顺起来。

与他，但愿我能做到坚持用一颗柔软之心待之！

他的纯，他的善，惹人疼

> 我们来个约定吧，你每天把朗读的视频发给俞老师，坚持一星期，俞老师奖励一颗小星星。

一

这男孩，短跑速度在整个年级段遥遥领先！

运动会60米预赛，尽管起跑前在他耳朵旁再三叮嘱跑直线，结果快跑到终点转弯占了人家的道，成绩取消，无缘决赛。

有孩子跑来告诉我："俞老师，Y同学因为跑错道在哭呢！"

我说："让他哭吧，流了眼泪能长长记性。"

我没去哄，遗憾带来的伤心，说不定也是孩子一次转变的契机。有些事你跟他讲N遍，他不在意，真正伤心过，说不定有触动，会记住教训，会知道自己要什么。

晚上，Y奶奶打来电话，有点儿急："俞老师，孩子在家一直哭，停不下来，我没办法，你来劝劝他！"

这次出乎我意料，原以为难过一阵子就好了，没有进决赛真的让他这么伤心吗？在电话里听他不停地抽泣，我当时有点后悔在学校的时候没有及时去安慰，没有做好安抚工作。

电话后Y奶奶又发来一条微信："俞老师，孩子以为金牌是金子做的很值钱，他错失机会了，所以一直哭一直哭。你等会再跟他解释一下金牌不是金子做的，我讲他不信，他信你。"

我有些哭笑不得，这孩子很天真！

二

与他的第一次见面，就给我留下了深刻的印象……

那是开学前大扫除，他和奶奶一起来参加劳动。结束后，奶奶故意拉他留了下来。奶奶很会说，向我介绍了孩子的情况，因为爸妈不在身边，一直奶奶带着，学习也是奶奶在管理，但孩子的表现让奶奶操碎心。

奶奶数落孩子的时候，他就站在我旁边，睁着大眼睛安静地听，安静地看着我，眼神有点儿无助，有点儿迷茫，就像做错了事在安静地等我发落。为了让他稍微放松一些，我拉起他的小手，他主动朝我靠了靠，愿意和我亲近。从他在我面前毕恭毕敬安静的姿态，从他看我澄澈的眼神中，我隐隐感受到，这孩子是个心地善良的娃！

或许是第一次见面拉了手，或许是第一见面我给了他一些积极的正面暗示，夸他劳动很卖力，夸他长得有灵气，看起来是个聪明的孩子。第一个星期，这孩子的表现一直很优秀，上课坐得端端正正，神情专注，虽然回答质量不高，但积极参与；课间在走廊上一见到，马上向我敬个队礼，问候一声："俞老师，好！"与他奶奶之前形容的判若两人。所以开学第一周就想写一篇文章鼓励他，可是……

三

可是从第二周开始，他学习的薄弱就表现出来了，最主要是作业跟不上节奏，课代表处记的名字一个一个叠加，慢慢地课堂上转头讲话的次数多起来，常走神，上课讲了一遍、两遍的知识，他基本都没有接受。

平时放学很少留孩子，那天送孩子排队出校门后回到教室，见他一个人站在后排的柜子前订正作业。他能主动留下来我也挺开心，因为教室其他孩子在扫地所以我把他叫到办公室。正好我的桌子上放着两个大枣，我递了一个给他，说：

"今天主动留下来补作业，奖励你一颗。"他很高兴地接过，一边凑近嘴巴咬，一边埋头写作业，看得出有一种被肯定的满足感。那天作业补到很晚，临走前我又递给他一颗枣，说："奖励你记名本上名字都消灭完了！"

两颗枣儿，使他那两天的学习劲又开始回升……

四

上个双休日，我接到Y奶奶的电话，几乎是哭着跟我说："俞老师，孩子不做口头作业不读书，我花了好多精力去管他，他说叫我不要管。他课文都读不通，怎么办呢？"我能体会奶奶的心情，管人是一件很费心的事，孩子还顶嘴，伤到奶奶的心了。我在电话里听到他的声音，弱弱的，让人心生怜爱。我说，我们来个约定吧，你每天把朗读的视频发给俞老师，坚持一星期，俞老师奖励一颗小星星。"真的吗？俞老师！"他的声音马上亮起来，说，"俞老师，我会坚持的，我现在就开始读！"

这一周每天晚上他都按时把朗读视频发给我，难读的课文他用手点着一个字一个字读，态度很认真，我也经常发一些肯定的评价或是表情鼓励他。今天早上大课间结束，我抽了一些时间，把Y同学读书的视频分享给大家看，并在集体的掌声中邀请Y同学上来领小星星。第一次看到他的脸涨得红起来，不知是有点小紧张，还是小兴奋，领走小星星的时候礼貌地说了一句："谢谢俞老师！"我说咱们坚持下去，他郑重点了点头。

这个男孩身上有许多的不足，学习成绩也令人焦心，但是他的纯，他的善，不禁让人心生疼爱。一双大眼睛，一对顺风耳，这孩子的形象时不时都在我的心头泛起……

这女孩挺有意思

今天羽茜不声不响跑下去拿笔,当她把笔悄悄递给我的时候,我更多感受到的是一种不张扬的真诚。

羽茜是我们班的一个小女孩,长得干净又漂亮,绑着一个马尾辫,皮肤雪白,讲话声音柔柔的,轻轻的,安静得会让人感觉不到她在旁边。因为她自律,所以被大家推选为值日班长,轮到值日那天,虽然不怎么讲话,但是默默完成自己的本分工作。

一

羽茜挺有意思的。

昨天下午临近放学,老师们都在办公室,有个小女孩柔柔的声音响起:"有一次性茶杯吗?"我抬头,看到推门进来的是羽茜。我有些诧异:诧异这个腼腆害羞的小姑娘居然有勇气推门进来向老师要茶杯;也诧异这个乖巧懂事的小姑娘进办公室,怎么不敲一下门或是与老师打一声招呼。她一副怯怯生生的样子,就似不认识我一样,一瞬间我心里有一点点寒。连办公室老师都说:"以为不是我们三年级的孩子,而是路过的。"

我把她招呼过来,问她:"你要杯子干什么?"其实我知道她要去盛开水,只是希望她自己能把意思表达清楚。

她轻声回答:"我口渴了。"

我又问她:"你向谁要杯子?"

她回答:"老师。"

我故意问:"你认识俞老师吗?"

她点点头。

我告诉她,下次跟别人讲话的时候,首先要称呼别人,这样会让人感觉亲切一些;请别人帮忙的时候要把意思表达清楚,这样人家就知道怎样帮助你了。

她站在我旁边安安静静听着,不时点一点头,乖巧得就像一只小绵羊,让人心生怜爱。

她走出办公室,同事说,这女孩挺有意思的。

二

今天,羽茜的举动让我觉得有点暖心。

中午,我在讲台前面批作业,孩子们在我旁边排了一列队。改完三四个孩子的作业,红笔冒油写不起了,我顺手在旁边寻找有没有其他红笔。这时我看到排在队伍中间的羽茜转身悄无声息跑下去了。我心里闪过一个念头:她是不是去自己的文具盒里帮我拿红笔了。但我又不十分确定,因为平时的她冷冷的。当我的目光再次与她相遇时,她手里已经握着一支红笔上来了,看到我手上有了新的笔,她在原地迟疑了一会儿,大概是纠结拿上来,还是放回去,最后还是朝我这边走过来,递给我,轻声细语说:"俞老师,我刚才看你红笔没油了。"她说这句话的时候,眼里很澄澈,没有显露出帮助人时的热情洋溢,而是淡淡的,却让我感到心头一阵温暖。

教室里,批改作业没笔的时候孩子们递上来是常事,有时会争先恐后涌上来,那个时候更多感受到的是孩子们的热情。今天羽茜不声不响跑下去拿笔,当她把笔悄悄递给我的时候,我更多感受到的是一种不张扬的真诚。所以那瞬间,让我觉得有些暖心!

就是不说话

他开口讲话了,尽管声音有点轻,但很认真,我在心里暗暗长舒了一口气。

一

孩子不说话我见过,但如此紧闭着嘴不说话,我第一次碰见。

昨天下午临近放学,接到合唱班傅老师电话:"俞老师,你们班X同学先前还好好唱歌,一会儿就闭着嘴不唱了,问他为什么不唱,碰到什么事情了,就是不说话。"傅老师是一个很温柔的老师,孩子的表现让她无奈了。

X同学是我们班一个小男生,个子小小的,长得很是帅气,也是我们班唯一参加合唱队的男生。平时虽然不善表达,但很和善,跟他交流总是笑眯眯的一副羞涩相。"或许与傅老师平时交流少,不张口说,跟我应该会说。"去的路上,我心里很有把握。

音乐教室外的走廊,傅老师依旧耐心与他交谈,但他丝毫没有反应。我让傅老师先去上课,顺势牵起X同学的手来到二楼舞蹈教室门口,因为这里没有其他人,我猜一个安全的环境,孩子会跟我讲发生了什么事情。

知道小男生性格偏内向,所以我先拉近与他的距离,亲切地拍了拍他的肩膀,问:"咋了,谁惹你生气了?"他不说话,也不看我。我继续热乎地:"不跟俞老师说话了?我知道你碰到不开心的事了,说出来我们一起解决。"他依旧不说,而且面无表情。我想小孩子情绪变化有个过程,慢慢引导总会开口的。但是足足10分钟过去了,他的表情没有丝毫变化,一直双唇紧闭。面对他的无动于衷,我当时也不知所措。

想着换个环境,或许会有改变。我拉着他来到办公室,请他坐下。他也听话,安静地坐在那,反正就是不说话。办公室老师问:"这个孩子怎么啦?"我故意调侃说:"嘴巴不小心被502粘住了,开不了口。"我试图用幽默的话逗他开心,结果还是无动于衷。数学老师胡老师走过来,关心地问他:"怎么了?真被502粘住了?"他就是不说话,面无表情,就像一个绝缘体。看情形,我知道如此耗下去,没啥结果,只能联系家长。

他妈妈在电话里听我一说,反倒安慰我:"俞老师,不用着急,老毛病啦,这孩子倔起来就是这个样子。"但是我不放心孩子独自回家,要求她来学校接。妈妈到学校,X同学还是一副没有表情的样子,直直坐着,不跟他妈打招呼,也不正眼看她妈。妈妈与他交流,他也一样就像没听到,这耐力与毅力让我联想到共产党员岿然不动的样子。教了那么多年书,碰到很多有个性的孩子,但定力如此之强,让我始料未及的,第一次碰到。

二

晚上正好和一群骨干班主任在一起研讨,我就抛出了白天的事,听听他们的建议:

蓝海味老师说:"孩子有这种情绪的时候最好不要带去办公室,应该与他单独在一起,拉着他在操场上走一走。"我反思,带办公室的确有些不妥,办公室老师多,会让孩子产生紧张感,更不会与我交流了。

李军杰老师认为,孩子的这一特点,一下子要温暖他很难,得靠平时一点一滴渗透。教育孩子就是一场持久战,今天暴露出来的问题,提醒我以后加强对他的关注。

我们学校王纯朴老师擅长心理学,我也向她咨询。她说:"你要营造一个相对认真的环境,让他感受到你对他的尊重。她也列举了曾经遇到过类似的一个案例，用了很长时间不停寻找对方感兴趣的话题，最终对方才有回应。"我反思与X同学的交流，我的态度一直很亲切，我极力营造一种让他感觉轻松的交谈环境，但是并没有取得成功。我也在想若是我继续不停找话题，他会跟我开口吗？

三

今早走进教室，他的座位就在我对面，我如同以往一样对他笑了笑，当作没发生昨天的事。大课间其他孩子出去排队，他迟缓了一步，我友好地去搭讪："今天大课间你们合唱队要唱歌吗？"他没有回答，视我如空气。但是与昨天相比，眼睛有了光，灵气又回来了。好吧，不理我就不理，反正我也没有生你的气。

契机是在下午，班级Y同学身体不舒服，我与家长联系，放下电话，自然地与坐在对面的X同学说："你帮俞老师一个忙，跟Y同学传达一声，放学在教室等他妈妈。"他看了我一眼，站起来快步走向Y同学座位。呵呵，总算有了反应。他回来，我问他："你传达到了吗？"他点头。我继续问："你跟Y同学说清楚了吗？怎么说的？"他开口讲话了，尽管声音有点轻，但很认真，我在心里暗暗长舒了一口气。

班主任工作，面对的是一群个性迥异的孩子，经常会碰到"该怎么教育"的问题，找不到解决策略，不妨先冷一冷，找一种彼此舒服的方式缓一缓。如上面的案例，孩子闹情绪，过多刻意的关心徒劳无益，与他自然相处反而打开了他的心结，或许这样的方式让他感觉更舒服，更有安全感吧。

野百合也会有春天

在那一刻我突然有了深刻的感受：学困生也值得大家尊重！

他叫锐，四年级的时候转进来，五年级下学期的时候转出去，我和他的师生情缘只有一年半。这是个怎样的孩子呢？有句话说："扶不起的阿斗。"他来我们班，有时让我忍无可忍的时候我就曾想过："是不是老天爷派来折磨我的。"

一

第一天见到这个孩子，他表现得怯怯瑟瑟，看人的目光闪烁不定。听他爸爸讲以前在学校表现不够好，经常受到老师批评。

刚开学一段时间，上课总是说"俞老师，我想上厕所"。四年级的孩子应该知道课堂上不能随便外出，而他似乎没有这项纪律约束；开学两个月，像模像样的作业基本没有，一会儿本子没带，一会儿本子丢了，即使上交了内容也丢三落四的，不管孩子的作业有没有完成，也不管老师在下面写了多少句评语，家长都视而不见，按部就班在作业本上签下大名；上课铃声一响，他就趴在了课桌上，一副垂头丧气、无精打采的样子；下课铃声一响，跑出教室，开始游荡。为了孩子的学习，各门学科的任课老师都与家长联系好几次了，但是并未起色。

二

第一次去他家，是陪他拿作业本，也是我第一次情绪大爆发。

那天秋游回来，我布置了一篇作文，知道他回家不会独立完成，于是我留下来陪着他把作文写好，修改好，回家之前再三嘱咐他晚上把作文抄进去。

第二天早上，我刚走进教室，组长就来报告说，锐的作文本放在家里没带来，语文书也没带来。怕影响教室里孩子早读，我把他叫到办公室问缘由，他还不以为然地说忘记抄在练习本上，忘记把练习本、语文书放进书包了。我当时听了火气一下子蹿上来，想到昨天辛辛苦苦陪着他完成作业，想到平时他总把学习不当一回事，积累的情绪一下子爆发了，面红耳赤呵斥了他一通，并要他带我去家里取作业本。

走出校门，他说家就在附近，于是我们步行前往，一直走到新华书店旁边。那是一层废弃的旧宾馆，两个房间堆了好多杂物，一张床上书本到处都是，不像个固定的住所，倒像一个临时避难所。我当时"咯噔"一下，心有些酸：这孩子就生活在这样的环境中。那以后，虽然锐还是一如既往让我们老师头疼，但是我对他的抱怨有所减少，随之增加的是同情。

三

在一次语文单元测试中，开考不久，座位上传来一阵窃窃私语声，我循着声音抬头，只见锐趴在课桌上呼呼睡着了，旁边的同学看见都偷偷笑出声来。我走过去轻轻敲了一下桌子，他睁开眼睛似乎还想睡。我把他叫出教室，问他怎么回事，他说昨晚睡得太迟了。

课后我给他妈妈打了一个电话，询问孩子的睡眠时间，家长的回答更令我瞠目结舌：孩子房间有一个电视，晚上看到几点连家长也不知道。孩子爸爸早上五点起来玩电脑游戏，孩子也在旁边一起观战。家长的"开明"，让我很无语。

四

锐各方面的能力都比较薄弱，在班里似乎没有发现他的优点。

有一天下课，我站在教室外面，他凑过来跟我聊天，我提醒他马上要考试了，双休日在家要好好完成作业，尽量不要让爸爸妈妈操心。他告诉我：这星期爸爸妈妈都不在，家里只有他一人。我很惊讶："那你在哪里吃饭？晚上睡觉也一个人吗？"面对我的诧异，他非常平静地回了一声："是的。"

看来这样的生活对他来说已经司空见惯，当时我心里有一种说不出的滋味。看看教室里其他孩子，学习成绩基本都在他之上，但是有几个孩子能离开家长独自生活一个星期呢？成绩优异的孩子在班里处处受到大家青睐，但是在独立生活能力上与锐相比，可能就无法相提并论了。在那一刻我突然有了深刻的感受：学困生也值得大家尊重！

五

如果说以前我曾有过想法：他是老天爷派来折磨我的。但是现在我更认定：他的到来是老天爷给我一次历练的机会。遇见他，至少给了我三点与学困生相处的启示：

学困生有闪光点。学困生各方面能力都比较薄弱，课堂上一个简单的问题答不上来，作业本上一道简单的计算题会出错，抽背时一个简单的英语单词记不住，有时反复了好几遍的答案，他们照样一知半解。面对这样的状况，我们会无奈地感叹：学困生真的无药可救。

但是锐的故事改变了我对学困生原有的看法，锐虽然学业成绩不好，但是他的独立生活能力却超过我一个成年人，这就是他领先于老师、同学的地方。李白曾经说过：天生我材必有用。孔子曾经说过：三人行必有我师焉。每个人都有值得我们学习的地方，所以对学困生我们同样应该抱以尊重和欣赏的态度去接纳他们。

学困生都有成因。故事中的锐笨吗？其实不笨，虽然作业懒得做，但是有时数学成绩也能上优秀。他在学习上的障碍主要来自对待学习的态度，散漫、邋遢使他在学业上举步维艰，逐渐丧失对学习的兴趣。

去过他家，与他家长也联系过N次，孩子之所以有现在的表现，背后折射出来的是家庭教育的缺失。家长工作的不稳定，短短两年时间孩子从杭州转到奉化，又从奉化转到山东，没有一个稳定的家。家长对孩子的教育少了一些关心和正确的方法。锐的成长环境与其他孩子相比更加艰苦，这样的孩子其实更需要老师的关心和帮助。

学困生的转变需要付出。对学困生的教育，我经常会抱有一种侥幸心理。一个品行上的学困生，我会希望通过一次促膝长谈，他能突然领悟道理，从此改邪归正；一个学习上的困难生，我会希望通过几次耐心的辅导，他的成绩能明显上升。但是事实告诉我们，学困生的转变并非朝夕之间。对于锐，班级的任课老师都付出了很多，一年半的努力，虽然他的成绩有些起色，但是并没有让他脱贫。

《第56号教室的奇迹》里面有这样的两段话："在一个学困生面前，只想通过简单的批评、抱怨而期待他的改变，这只是自己给自己营造的一个美好遐想罢了。""要达到真正的卓越是要做出牺牲的，要从错误中汲取教育的同时付出巨大的努力。毕竟教育无捷径。"

班级的学困生确实令老师们头疼、纠结，但是如果我们愿意走近他们，改变对他们的态度，并能用自己的爱心、耐心去无微不至地感化他们，相信一句话：野百合也会有春天！

一次次过招

> 教育有时还真需要"就算你虐我千百遍,我依旧待你如初恋"的耐心。

H同学是我几年前带班遇见的孩子,在班里是一个"烫手山芋",比较难教育。与他"过招",就是和他斗智斗勇,惹我生气过,被他气哭过,也有看到他进步欣喜过。

两年时间,我记录了与他相处的一个个小故事,当时简单的想法就是,或许让他以旁观者的角度来读这些故事的时候,能更加清晰地审视自己的言行,也能明白周围人对他的良苦用心。这也是一种教育转化的途径。

几年后,回头再看这些文章,故事依旧历历在目,但是对于有些教育的做法,自己有了新的想法,这或许就是"教学相长"吧,一次次"过招",也在成就自己一点一点成长。

一

开学将近三个星期,H同学的表现起起伏伏,有积极的一面,如主动清理完课本后的垃圾,与同学发脾气的概率少了一些。但是上课无精打采,爱说空话影响别人常有。对于他违反纪律,我基本还是和颜悦色跟他讲道理为主。

上星期小队总结,他被记名的次数最多,我也曾想稍微对他采取一些措施,把他调到最后一桌。

我们班41位同学,最后一桌成单。开学初,我就跟孩子们明确了:"我们排座位按照从矮到高的原则，杨博铭最高所以目前坐最后一桌。一人一桌的好处是安静，不易被别人打扰，若班级里哪个孩子违反课堂纪律，影响别人，多次提醒无效，就调他一人一桌好好反省，当然进步了再往前调。"之所以颁布这样一条措施，是希望不要出现有孩子屡教不改的现象，这话主要还是说给H同学听的。

今天语文课，其他孩子都精神饱满听课，H同学开始东倒西歪，一会儿背靠着墙，一会儿手撑着头，我几次眼神示意，他都毫无悔改。于是我有点生气，叫他站起来，站在位置上挡住了别人视线，我就让他把凳子搬到走廊上坐着听课。若是其他孩子，被老师批评总会知错，有改正的决心，而他依旧一会儿倒着坐，一会儿跷起二郎腿，一点都没有悔改的意思。

课后，我让他在位置上好好坐几分钟，练习一下坐姿，结果我刚进办公室值日班长就来报告："俞老师您一走，H同学就离开了座位，在教室里到处奔跑，我们劝他，还被他重重打了一下。"正说着，学校检查员进来递给我一张"警告单"：H同学在走廊奔跑，批评提醒。紧接着，我就听到走廊里传来他声嘶力竭的声音："干吗记我名字！我又没有做错——"

我揣着一肚子气，急步往教室赶。看到他那一副唯恐天下不乱的表情，我一刹那也亮出最高分贝，厉声批评道："你以为教室是你一个人的，一不高兴就大吼大叫。你以为什么事情你是对的，别人是错的……"一连串指责的话发泄完我的不满后，我心里开始隐隐担心，万一他跟我"气顶气"，我怎么办？

或许平时我很少厉声讲话，他看到我满脸怒气，不说话了，斜着头呼呼喘着粗气，表示他很生气。

当时我就想：常常与你好言相劝，今天就给你一个下马威。我走到讲台前，对着全班孩子宣布："H同学多次违反纪律，今天调到最后一桌，好好去反省！"顾及他的感受，我又补充了一句："班级这项规定，所有孩子都一视同仁。H同学如果有进步的决心，再调回原来的位置。"补充的这一句还很有效，听后他也没啥情绪就搬到后面去坐了。

下午我暗地里观察他，并没有不良情绪，好像没有发生上午的事情一样。倒是我在纠结，把他换到后面去坐，是不是对？对他的教育会不会有起色？万一破罐子破摔，我该怎么做？

教育有时就是斗智斗勇的一个过程，而且是一个漫长的过程！

二

下午第一节英语课庄老师带孩子们去阶梯教室试教，从阶梯教室回来，我想向他们了解一下上课的状态，走到教室门口就看到H同学一副咄咄逼人的架势向同学在大吼，隔壁排的林夕茵流着眼泪在抽泣，坐在前面的董喆泪眼汪汪的。一看到我，H同学更来劲貌似要表现正在为自己伸张正义。周围的孩子看见我就说："俞老师，他们吵架了！"我问："有谁了解事情的经过？"我想听听旁观孩子对事件的陈述，可惜孩子们都摇头。

于是我把三个当事人叫到教室外的走廊，问他们怎么回事？H同学急着先说："董喆趴在我的课桌上，我让他离开他不走，所以就轻轻打了一下他的屁股，董喆还手打我，就这样打起来了。后来不小心碰到林夕茵课桌把她的铅笔盒打翻了。"

他说完，我让董喆也说了一遍事情经过，不同的是董喆说后来没去打H同学了，但是H同学还过来踢一脚。轮到林夕茵说了，小姑娘还是有些泣不成声，说H同学不仅打董喆还打翻她的铅笔盒，不仅没道歉还对着她吼，心里感到十分委屈。

听完三个孩子陈述，事情的来龙去脉我大概了解了，很小的纠纷引发了一场小战争。

我首先表达了自己的看法，跟他们说了大致三层意思：①发生这一幕大家都来围观，打破了教室本该有的安静，破坏了班级和谐的氛围；②教室是个讲文明的地方，老师、同学都不会以武力论英雄；③同学之间相处难免有摩擦，学会语言沟通。

H同学接上来说:"俞老师,我一开始是跟董喆语言沟通,可是他不听,所以我就打他了,而且我也只是轻轻打了一下。"我故意说:"哦,那这件事你没有错了。"他反倒有些不好意思了,低声说:"我也错了,后面不该打他。"至少他愿意承认错误了。

接着我把问题抛给他们,说:"既然发生了不愉快的事,重要的是怎么解决?"低着头的董喆看了看我,说:"俞老师,我也不想把事情闹大,所以后来他来踢我,我就没还手不去理他了。"这个小男生还是挺有胸襟,最后能考虑大局,我心里暗暗为他叫好,也当即认可说:"你后面的想法,俞老师为你点赞!凡能做大事者,必定心胸是宽广的!"这句话既是表扬董喆的,也送给H同学的。当批评遇到了表扬赞美的语言,不愉快的氛围也得到了缓和。

最后我请三个孩子说说以后碰到类似的事情,如何排解矛盾妥善处理。当他们进教室的时候心情都已经平复了。

三

因为一部分老师参加高考监考,所以这两天我包班。早上拉家常式地跟孩子们说:俞老师这两天上课比较辛苦,大家表现都要好好的。但事实并非这样。

大课间结束刚处理完"电话手表"事件,还未喘口气有孩子跑来找我:"俞老师,H同学拿大头针戳墙报上的照片。"用针戳照片事件,上次没查出是谁在恶作剧,这次有同学看到所以要问个水落石出。追问H同学,他始终不承认,所以在班里对此恶意事件进行了再提醒和教育。

第二节下课,张艺萱急匆匆跑上来报告:"俞老师,H同学在损坏墙报!"我一看墙报边上围了一些人,就走过去。H同学马上显摆出大受委屈的样子,朝我宣战:"既然有人说我在戳照片,那我现在就做给你们看!"气呼呼地又要去戳照片。我厉声呵斥:"你知道自己在做什么吗?""戳!照!片!"他一字一顿近乎咆哮。这样子一下激怒了我:"你要做坏事,班级不欢迎你,出去!"

话一出,我就觉得说得不妥了,以他的个性怎么可以去硬碰硬呢?果然,他冲我喊了一句:"出去就出去!"转身朝教室外走。我急步跟上,心想你要跟我气顶气,那我也狠一些,在楼梯口我一把抓住他的手,说:"走,我们去校长室!"这一句话把他震住了,马上缩回手不走了,说:"我不去!"其实他表面恶狠狠,内心还是胆小的。"你不是觉得你受委屈了吗?你可以找校长申诉呀?"一方面我想搬出校长治治他动不动就撒野的脾气;另一方面我自己惶恐用校长来压他,是不是对他的教育产生了无力感。他声嘶力竭喊了一声"不去"!转身跑回教室。

此时楼梯走廊已围了一大波人,有我们班的,也有其他班的,大部分孩子都用诧异的表情看着我和H同学之间的这场战争。或许,他们第一次看到学生如此放肆地对着老师大喊大叫;或许,他们第一次看到平时说话温柔的女教师不可控制地发飙了。

回到教室H同学依旧一副凶神恶煞的表情,气呼呼地喘着气,仿佛全世界都欠了他。我意识到今天自己的教育方式有些失态,极力平复情绪。第三节上课,原本想抛开这件事上语文课,但心头就像压了一块大石头,不舒服。我跟孩子们说:"俞老师每接手一个班就愿意把我们这个大集体比作一艘船,我们41位同学加上任课老师,一同朝着彼岸航行。这艘船光靠俞老师一个人的动力不够,靠一些优秀孩子的动力也不够,需要每一位船上的乘员齐心协力使劲,我们这艘船才能顺风顺水前进……"说着说着,不知为啥我心头酸楚起来,眼泪就不自觉地在眼眶里打转。孩子们静静地听,气氛很凝重。

下课的时候,一群孩子围在H同学周围在交流,我也故作没看见。过了一会儿,周雍奇上来跟我说:"俞老师,刚才汪奕敏等几个同学跟H同学在沟通,H同学认识到自己做得不对,已向我们保证不会再这样了。你也不要生气了!"明明是孩子对我的安慰,但情绪一上来眼泪又不听话从眼眶里溢出来。我承认自己是个非常感性的人，特别是自己当了妈妈以后，学生的一举一动更牵动着我的心，他们的不听话会让我伤心，他们的懂事也会让我欣慰和感动。当我还为刚才情绪波澜起伏的时候，再看H同学早已若无其事。

教育有时还真需要"就算你虐我千百遍，我依旧待你如初恋"的耐心！

爱理不理

> 我喜欢他，是因为他爱看书，爱看书的孩子有思想，课堂上他的表达常常有自己独特的见解。

"爱理不理"，原意指不爱搭理，对人冷漠，没礼貌。照词义理解是个贬义词，今天借用这个词说说我与班级一个有小情绪男孩的相处故事。

一

这个男孩坐在班级最后一桌，个子相对高，理应比其他孩子成熟一些，但是他没有，相反挺有个性。有的时候，他很腼腆，比如回答完问题他会有一副不好意思的表情；有的时候他很健谈，我批改作业他会围在我身边，跟我扯一些杂谈，不管我有没有认真听，他都会眉飞色舞表达；有时候他很安静，属于班级中为数不多的爱看书的男孩；有时候也很闹，在班级中飙海豚音的是他，奔跑的也是他。个性多面得让人难以捉摸。

我喜欢他，是因为他爱看书，爱看书的孩子有思想，课堂上他的表达常常有自己独特的见解。

开学一段时间，有一次与同学发生冲突，狠狠一拳把人家打了，理由是没和他玩。第一次与他家长联系，他爸爸在电话里说孩子的个性比较倔，易怒，惹火了难控制。我当时认为男孩子嘛，难免调皮一些。后来，也有几次孩子来报告："俞老师，J同学又在发脾气啦！"一般简单跟他交谈几句，他也不生气了，所以不觉得严重。

二

第一次交锋。

我们有一条班规：课间追逐奔跑，情节严重的，若发现，抄写美文一篇用以静心。上周五，几个孩子被大家指名，J同学属其中一个。按规定，这些孩子放学后留下来抄写。当时我在讲台前批改作业，忽然听到"嘭"的一声，椅子撞了桌子一下，大家都抬头，只见刚刚还在安静抄写的J同学，不知何故怒火冲天，龇牙咧嘴，抓起作业本一撕为二，揉成一团恶狠狠丢弃在走廊边，呼呼喘着粗气。教室里的孩子都呆呆地看着他，我也一怔，但随即装作没看见，心平气和地说了一句："每个孩子做自己的事，任务完成就可以回家啦！"

我置之不理是因为：第一，他在气头上，我若走下去批评他，会更触怒他，他对我发脾气我也会很生气，俩人气顶气到时更下不了台；第二，我没想好怎么与他交流，与其不知道怎么做，不如静观其变；第三，我不动声色，反而对他有种威慑力。

我继续批作业，其他孩子继续做自己的事，唯有他气呼呼地跟自己过意不去，一会儿用头去撞凳子，一会儿拿起笔戳自己的手臂。我让他发泄没去理睬（前提我确定他没有弄疼自己），但心里一直在想：万一他使劲撞凳子，戳自己，我怎么去教育？万一他二话不说背起书包回家，我又怎么收场？

中途有孩子离开教室，他的眼神都会追随过去，我知道他很羡慕人家完成了，说明他并不是无动于衷，他也在意，他也渴望自己快点完成，就是没有行动坐在座位上干耗时间。

就这样10分钟，20分钟过去了，教室里就留下我和他，我依旧做自己的事——批改作业，一副耐心等待的样子。估计见我没有妥协的样子，他终于翻出了一张新的纸，开始埋头抄写起来。当时，我悬着的心才安下来，事情总算以平静结尾。

等他抄完，我没说其他的，抛给他一句话："下次抓紧时间，不然影响我下班。"我要让他知道今天他的表现耽误我下班了。此时的他已经没有任何情绪，乖巧地"嗯"了一声，背起书包回家了。

第一次交锋，我领教他情绪之大，但整件事，我也庆幸没和他正面冲突。虽然我内心一直暗流涌动，但还是故作镇定。他倒也慢慢平静下来，怨气发泄完了，自己调整过来，最后把任务完成了。这一过程虽然耗得时间有些长，但至少让他知道，发脾气并不一定能解决问题。

三

前几天也发生一件事。语文课上学完"日积月累"，请孩子上来挑战背诵，既然是挑战就有成功，也有没成功。J同学自告奋勇上来，结果失败了。回到座位上他情绪上来了，一把鼻涕一把泪，就差没大声哭出来。我是看见的，没去说。这时他周围有个孩子喊起来："俞老师，俞老师，J同学哭了！"被他一叫，所有孩子都转头去看他。当大家的目光聚焦到他身上，他的表情显现得更加痛苦起来。我开玩笑很随意地说了一句："J同学本来好好的，被你一说说哭了。上来挑战的都是勇敢的孩子，勇敢的孩子怎么会随意哭呢？"

随即，我继续上课，转移大家的注意力。我发现当周围同学很认真投入课堂中时，J同学的情绪也慢慢缓下去了，后来也不知不觉跟其他孩子一样认真听课，下课后也没有一点不开心的样子。

四

情绪型孩子每一届都会有，他们敏感，有时一句话或是一件小小的事，都会成为导火索，他们又不善于调节、控制自己的情绪，小火山一旦爆发威力就很大。与J同学相处，我借用"爱理不理"告诫自己："爱理"指平时要多与他交流，培养良好的感情；"不理"指的是，他情绪上来的时候，先"冷处理"，就像上面两件事，暗中观察，转移他的注意力，避免与他正面冲突。至于引导教育嘛，就放在他心情好的时候开展。

愿杰克的话与你我共勉

眼睛恶狠狠地斜盯着我,嘴巴"呼呼"喘着粗气,眼泪止不住流下来,似乎受了天大的委屈。

认识陈威,我是先闻其名,再见其人。

接手新班之前,原班主任就"隆重"向我介绍了这个小男孩:脾气倔,易冲动。参加任何比赛,除非他是胜利者,不然肯定被他煽风点火,闹得不可开交,让你无法收场。

一

开学第一天,我就特别留意陈威,他在妈妈的陪同下来交付学费。小男孩个子不高,长得黑黝黝的,见到新老师不问好,也不打招呼,就径直往男同学堆里凑。他妈妈了解儿子个性,特意留下来与我聊了几句。

从谈话中,我了解陈威的家庭背景:他家从农村搬上来,家里有钱,但爸爸妈妈文化不高,还有一个姐姐,因为家族有重男轻女的思想,所以一家人从小对陈威呵护备至,好吃的,好穿的,都把他放在第一位。以致现在做任何事情都要随他心愿,稍不如意,就大发脾气,一家人全拿他没办法。

之后几天,我在上课、下课经常关注他的表现,虽然也见到他扯着嗓门、涨红脸与同学发生争吵,但并不严重,都很快平息了。直到那一次语文课……

二

星期三语文课,我们开展了以组为单位的"古诗词背诵"竞赛。同学们争先恐后为自己的小组赢得好的表现,比赛异常激烈。陈威坐在第二组,每当其他组得高分时,他总会禁不住叫嚷:"咦——这样也能得10分,我们组比他背得强多了!""不合算!他们抽到的题目简单!"因为我有心理准备,所以不时用眼神暗示他:你可不能这样说,会影响比赛的!他根本不领会,自言自语发牢骚还不够,拉上左邻右舍一起埋怨。我心平气和跟他讲:"我们要输得起,放得下。我们比赛的宗旨,友谊第一,比赛第二!"他不但没听,反而变本加厉,一边敲课桌,一边放肆地大声喊:"我们又没输,是你不公平!"然后眼睛恶狠狠地斜盯着我,嘴巴"呼呼"喘着粗气,眼泪止不住流下来,似乎受了天大的委屈。

我强压住蹿上来的火气,心想:如果现在硬和他气顶气,批评他,以他的个性能意识到自己的错误吗?能接受我的教育吗?还是缓一缓,待大家都冷静下来,再寻找处理的办法。于是我干脆不去理他,装着若无其事的样子坚持上完了整节课。

三

那天晚上,我在《青年文摘》杂志上读到了一篇文章《祈祷》,大意讲的是:世界冠军的拳击手杰克,每次比赛前必先安静地祈祷一会儿。一个朋友问他:"你在祈祷打赢吗?"杰克摇摇头,说:"如果我祈祷自己打赢,而我的对手也祈祷自己打赢,那上帝会很难办的。"朋友很奇怪:"那你到底在祈祷什么?"杰克说:"我只是在祈祷上帝让我打得漂漂亮亮的!最好让我们谁都别受伤!"当时我很被杰克的话所感动,联想到早上陈威在比赛中闹得不可开交。

第二天,我在语文课上声情并茂朗读了这篇文章,孩子们听后谈了自己的感触。有的说:"我佩服杰克,在竞争对手面前竟表现得如此宽宏大量。"有的说:"遇到像杰克一样的对手,即使失败了,也是人生中的幸运。"有的说:"在比赛中我们不能只顾寻找对方的不足，应该让自己的表现精益求精。"

陈威坐在位子上，低着头，噘着嘴，若有所思。我知道他是一个聪明的孩子，也会有自己的感悟。回到办公室，我把这篇文章剪了下来，夹在了陈威的作业本里，并在上面附了一句话：愿杰克的话与你我共勉！放学之前，我发现陈威拿着作业本在办公室门口怯怯懦懦地张望，我朝他笑了笑，他马上一溜烟跑下楼。

次日批改家庭作业，我在陈威的作业本上，读到了这样一段话：俞老师，前天我在"古诗词背诵"竞赛上发脾气，影响了整节课，我觉得做错了，原本昨天就想道歉，但是又不敢。

我内心一阵激动，这是一个倔强的男孩，从不轻易道歉。我欣然在他的作业本上画了一个笑脸。

四

以后的日子，作业本就成了我俩的信使。我会把杂志上带有"人间温情""人生哲理"的一些文章剪下来，夹在他的家庭作业本里送给他。如《快乐的钥匙》《一天需要八个拥抱》《人生的真谛》这些文章能感动我，我想也能影响他。陈威读完文章后，也会留一些自己的想法，一句、两句，有时一段。

文字交流的时间长了，我就请他在作业本上专门开辟了一个小栏目，取名"心灵花园"，经常把自己的心情故事，高兴的、不开心的分享在上面。我会认真读，然后表达一些自己的看法，或是关心鼓励，或是帮他排解滞气。

一年以后陈威慢慢有了改变，与同学发生争执时，不会再面红耳赤；碰到不顺心的事，也不会乱向周围人发脾气。期末家访，陈威妈妈拿出来一本厚厚的摘记本，里面收藏的都是我送给他的文章，家长说孩子经常会翻阅，也因此家里开始征订《青年文摘》《意林》等杂志。陈威妈妈说，以前也不知道怎么去教育他，现在孩子爱看书，越来越懂事了。

五

在引导教育陈威的同时，我也在不断反思、不断积累与孩子的相处之道。

陈威是个情绪型的孩子，平时喜欢得到别人的表扬，经不起别人的否定，在他的内心深处隐隐藏着对老师、同学的排斥、抗拒，稍不顺心，就觉得全世界都在欺负他，会控制不住大发脾气，以此来宣泄内心的委屈、不快。针对这类个性鲜明的学生，班主任要学会接纳他们，对他们在言行中表现出来的独立性举止给予承认和接受，这是对学生的一种宽容、尊重和认可。当学生"不听话"时，不要极力否定，不要强制镇压，一定要对他们有信心，要用自己的爱心，耐心地加以引导，主动地去接近他，消除他们内心的戒备，让他们感受到老师的关心，缩短与老师的心理距离，从而亲其师，而信其道。

班主任工作的对象是一群有血有肉，有思想有情感的学生。面对形形色色，个性迥异的学生，我们要用心走近孩子。苏霍姆林基曾说过："唤起人实行自我教育的教育，乃是一种真正的教育。"现在的学生，思想敏感，自尊心强，苦口婆心地说教未必能感化他们。这就需要我们放下师道尊严的架子，多多关注孩子们的情感世界，敞开自己的心扉，善于做一个高明的琴师，拨动学生心灵的弦，让他们和谐地发出共振！

温柔征服

师生彼此心灵上的接纳,让他享受到了情感上的愉悦。

一

我们班有个男孩,名叫"周晓东",高高的个子,瘦瘦瘪瘪的身材,脑门特别突出,似乎充满智慧。课堂上,参与热情,发言踊跃,经常控制不住抛出自己的想法,打断别人的发言,影响老师的正常教学。下课爱玩游戏,喜欢嘻嘻哈哈与别人闹成一团。几次教育他不要在教室门口跑来跑去,或是玩过于激烈的游戏,他都是虚心接受,屡教不改。有时第一天刚跟他讲过,第二天他又堂而皇之在走廊上玩得起劲,显然并不把我的好言相劝放在心上。

上学期临近期末考试,其他孩子都打起精神开始复习,而他却连最基本的家庭作业都丢三落四,完成不了。听写字词,漏洞百出,连及格都困难。找他谈话,噘着嘴一言不发,但事后又故伎重演。为了帮助他端正完成家庭作业的态度,放学后我请来了他的妈妈,希望能配合教育。没想到家长一来,原本沉默的他一下子爆发了,扯着他妈妈的衣服放肆地撒起娇来,又是喊又是叫,尽情施展他的"狮吼功"。而这一幕也着实令我咋舌:原来这孩子在家长面前脾气那么大!

为了惩罚违反纪律的同学,这学期我学魏书生,让他们写说明书,记录整件事情并进行反思。星期五大课间活动,周晓东因为跟同学讲话,被纪律班长记下了名字。放学后,孩子们已经排队出校门,纪律班长又返回来匆匆找我,说周晓东把他堵在校门口，非要叫他把名字划掉不可。

我找到周晓东问他为什么这样做？违反了纪律，就应该主动承担后果。他也不认错，气呼呼地冲着我说："我只讲了一句，很多同学都讲了，凭什么只记我？"如此对老师大喊大叫的，班里也非他莫属了。"因为平时你没有约束自己的言行，给别人的印象不好，所以同样讲话，纪律班长就先记到你了。"如果不是听这话有理，他肯定会红着脸，瞪着眼一直怄气下去。

就是这样一个男孩，说他聪明嘛，的确，课堂上总有他热情奔放的身影；但是完成学习任务常常丢三落四，不够自觉。说他性格"牛"吧，是的，发起脾气来，不管三七二十一，要跟你斗得面红耳赤，使你下不了台。与他交往将近一个学年，真是让我欢喜让我忧。担忧的是这个男孩爱闹情绪，容易冲动，如果与他发生正面冲突，势必助长他的叛逆心理。一旦师生关系陷入僵局，他的学习积极性肯定会受到打击。所以一直以来我都特别关注他，努力与他建立一种良好、和谐的师生关系。

二

古书上说："鲧以壅堵之法治水，然水患不消。大禹以疏导之法治水，遂解民于倒悬。"疏导能开启学生的心灵，打开学生的心结，常疏导必多通畅。

周晓东习惯不好，自控能力又差，常常出现违反纪律的现象。对他进行批评教育，最忌讳的是用强制或压制的办法与他气顶气，弄不好要"走火入魔"。我一般先向目击同学了解整件事情的来龙去脉，然后听听他的解释。如果他自己认识到错了，我因势利导让他说说补救的办法，谈谈以后的做法。如果他还振振有辞，或满怀委屈，我也不急着逼他认错，而是先帮助他消气，尽可能地沉住气倾听他内心的积郁，等他发泄完平静下来，再跟他摆事实，讲道理，指出错误的根源。不仅让他认识到错了，而且让他明白为什么错了，所谓的"知其然，更知其所以然"，这样他才会心悦诚服地接受批评教育。

开展批评教育的同时，我也坚持对他进行榜样教育，正面疏导。如语文课上学习了《将心比心》后，让他谈谈生活中关心他人、助人为乐的事例；在他取得进步的时候，送一张书签给他，背面写几句名人名言与他共勉；课外推荐他阅读一些启迪心智的书籍……潜移默化地培养他明辨是非的能力，净化他的心灵，提升他的思想觉悟。

三

从教育学的角度定义，接纳是教师对学生在言行中表现出来的独立性举止给予的承认和接受，是对学生的一种宽容、尊重和认可。

周晓东从行为习惯上讲是一个学困生，平时被别人否定的比较多，所以从内心深处隐藏着对老师、同学的排斥、抗拒。稍不顺心，就觉得全世界都在欺负他，会控制不住大发脾气，以此来宣泄内心的委屈、不快。为了消除他内心的戒备，我总是主动地去接近他，与他聊天，增加友谊；课堂上也常用眼神与他交流，尽可能满足他的表现欲，让他感受到老师对他的关心，从而缩短与我的心理距离。

接纳还表现在我不吝啬自己的表扬，虽然他常犯错，但是对他的点滴成绩、微小进步我及时予以肯定表扬，帮助他建立自信。上次语文课，我们学习《两个铁球同时着地》，我邀请学生借助板画来讲解伽利略发现的两个矛盾结论。周晓东上来当小老师，虽然他的表达口齿有些含糊，但我还是竖起拇指夸赞："小周老师真棒！讲得头头是道，分析得有条有理！"并把掌声献给了他，乐得他心里美滋滋的，下课还围着我呵呵地笑呢！师生彼此心灵上的接纳，让他享受到了情感上的愉悦。

四

真诚是人类情感中的真金。周晓东易喜易怒，高兴的时候，会围着你叽里呱啦说个不停；不高兴的时候，则一声不吭，见面也黑着脸，不跟你打招呼。在他身上花了不少心血，可他始终对我忽冷忽热，真是"落花有意，流水无情"。说实话我也曾心寒，但我更坚信"精诚所至，金石为开"。

运动会上他参加长跑，我亲自给他助跑；学习上有难题了，我陪他留下来辅导；上段时间他想要的一本书买不到了，我联系书店的一位朋友帮他补订了一本。对他我始终抱着热情真诚的态度，努力着敞开自己的心扉。只有当学生从内心升腾起对老师的信赖和爱戴，才会愉快地接受教师的教诲，才会在融洽和谐的师生关系中将教诲转化为行动，最终为自己赢得进一步的发展和提高。

五

与周晓东相识已经一年了，他从一开始无所顾忌地向别人发脾气到现在懂得克制自己的情绪，懂得心平气和地与人交流，懂得尊重他人，为自己赢得了一片很大的发展天空。周晓东的故事让我更加坚信泰戈尔的一句名言："不是锤的打击，而是水的载歌载舞把鹅卵石日渐征服。"

"破茧成蝶"的美好

偶尔走廊遇见,我朝她微笑,她能友好地与我招呼:"俞老师,好!"这些都是她完成一次自我突破后,带来的成长礼物!

上星期批改学生的一篇"班级摄影台"(日常学生记录班级生活的小日记),将近一周了,这篇文章如同生长出了藤叶,一直缠绕于我的心头,并且一漾一漾的,撩拨我的心弦。

写这篇班摄的是个性内向的女孩,她在教室里特安静,安静得没有一点动静,安静得我都怀疑相处大半年是否跟她有过对话。前两周她有一篇班摄写得好,我邀请她上来读给大家听,很清楚记得当时她的表情非常窘迫,似乎被点名不是表扬而是批评。我一开始以为她只是短暂的不适应,分享展示毕竟是一件光荣的事,对她来说也是一次锻炼,于是我鼓励她,引导她上来。没想到她急得眼圈红起来,眼泪快掉下来,很痛苦的表情。所以我不再勉强,顺着她自己的选择。

上周三的班摄,她又一次录选"分享榜",当时我想好依旧随女孩自己选择,报完她的名字我就看着她,等她自己决定。她的脸泛红,但是表情没有上次窘迫,坐在位置上没有点头,也没有摇头,似乎在迟疑。这时班里有孩子带头鼓起掌来,继而全班都掌声响起来,有孩子带头喊起来:"张××,加油!"她眼神变得有光彩,想走上来,但是又好像被一股力量牵制着。大家的掌声依旧持续,她张望了一下周围,脸带羞涩站起来,慢步上台,同学们的掌声更响了。当她站在讲台前,我发现所有孩子的眼睛都闪亮亮盯着她,充满鼓励和赞许。她有些紧张，显得局促不安，但是终于开口读自己的文章了。

这是她第一次站在讲台前发声，当晚她在班摄中记录了这件事，大段描述了内心的起伏变化，这是她第一次敞开心扉地表达，如同封闭的空间忽然打开了一扇门，引领我走近她，了解她的情绪，她的内心世界。

她在文中吐露了被老师叫到名字的瞬间想法：

这时，老师突然叫到我名字，让我猝不及防，心想：老师干吗要叫我上去，我又写得不好。再说了我比较内向，最害怕在大家面前读自己的文章了。其实我从一年级开始一直都是这样，写作文的时候也不想给别人看，包括老师。我也想勇敢一些，可就是怕。这是我的心里话。

记录了听到同学掌声后短暂的纠结：

我本不想上去，可听见掌声，又想起妈妈昨天训我的话，最终还是上去了。短短几分钟，却让我感到煎熬。"可算读完了。"我松了口气回到座位上。这一次我发现去读作文也不难，只要勇敢些便可。可话虽这么说，我还是害怕。

抒发了内心一直来对"勇敢"的渴望：

我想勇敢，可无法做到。曾想试着鼓起勇气，我真的想勇敢一下，今天我做到了，但不可能一次就成功，我相信总有一天我是可以的！

这些内心的独白，是我第一次接收到她如此丰富的内心声音，让我较为清晰地体会了一遍，她上台前的紧张、害怕、纠结以及从讲台上走下来的那刻轻松。同样是上台，对于大胆的孩子来说，展示就是一种快乐，他们往往表现得迫不及待；对于内向的孩子来说，一次展示就是一次历劫，他们往往得克服多种心理压力。

内向的孩子并不是不想表现，而是紧张、害怕、纠结等心理因素牵制着他们不敢表现。就像张同学，从她的文字中不难看到，一向被大家认为不善言辞的她，其实一直暗暗地同"胆小"在不断地较量着；平日里看起来非常安静，其实内心也在波澜起伏，有滔滔不绝的想法，渴望着自己能够变得勇敢，能够成长。

这次上台朗读文章是一次无意的契机。作文得到表扬增添了她的自信，同学们热情的掌声、鼓励声，无疑传递给她一股强大的力量。当她内心积蓄了足够多的勇气时，就战胜了紧张、害怕等负面情绪，终于突破了自己——第一次敢走到讲台前，第一次敢当着大家的面，第一次敢表现自己。这一过程如同她所说"短短几分钟，让我感到煎熬"。但是当她"如释重负"后，就完成了一次挑战自我，战胜自我的成长。在这篇班摄中记录的就是她自己成长的声音。

这些天观察她，在班级里明显有种与人"冰释前嫌"的感觉。以前课间她一般在座位上，我看到的她总是一脸严肃，有种拒人千里之外的感觉。最近几天她的身影有几次晃动在同学堆里；上课的时候眼神有光彩，敢于直视我；偶尔走廊遇见，我朝她微笑，她能友好地与我招呼："俞老师，好！"这些都是她完成一次自我突破后，带来的成长礼物！

世界上最美丽的蝴蝶竟是从小毛虫蜕变破茧而出的。我们的每一个孩子也都将在完成一次次的自我突破后，迎来"破茧成蝶"的美丽与欣喜！

第四章

滋润孩子的成长

我希望我们的教室里每天都有爱的互动，成长的滋润。

"有声朗读"邀你加盟

不少家长反馈，听孩子读书久了，自己也被熏陶了，有时会陪着孩子看一会儿书，家里多了一些书香味儿，文化气息。

一

双休日接到杨奶奶电话，几乎是哭着跟我说："俞老师，孩子口头作业偷懒不做，读书张不开嘴巴，怎么办呢？"杨同学从小爸妈不在身边，一直由奶奶带着，孩子自主学习能力薄弱，很让奶奶操心。

当时，我想了一招，在电话里跟杨同学说："俞老师和你来个约定吧，你每天把朗读的视频发给我，坚持一星期，我奖励你一元创实币。""真的吗？俞老师！"他的声音马上亮起来。获得创实币是班级较高的荣誉，孩子有了动力。接下去的一周，杨同学每天晚上都按时把朗读视频发给我，我不忘回复评价语鼓励他。

周末班队课，我对杨同学一周的朗读做了一次总结，并把他的朗读视频分享给同学们，大家纷纷给杨同学点赞。在集体的掌声中，杨同学上来领创实币，这是他第一次上台领奖，小脸涨得通红，眼神坚定，说："俞老师，我会坚持朗读的！"很多孩子都羡慕杨同学，纷纷要求加入朗读行列。我考虑若是都参加，每天批阅视频没有那么多时间，所以第二个阶段只增加了两个名额，给了朗读有困难的秦同学和宋同学。接下去每周的班队课，我都会安排一个环节点播他们的朗读视频，总结他们的朗读表现，以此来带动全班孩子一起爱上有声朗读。

就这样，班级孩子自发地在家里开始有声读书，家长们很欣喜，用发朋友圈打卡的形式给孩子记录，还私信我："俞老师，总算听到儿子张口读书了！""俞老师，现在临睡前都要读书给我们听！"孩子的兴趣、家长的热情，促使我思考：如何借"有声朗读"，保持孩子们的读书积极性，营造班级的书香氛围。

于是，我设计了一份《创实"有声朗读"加盟书》，包括活动意义、朗读要求、奖励措施，附上了一份"朗读记录单"，每天由孩子自己记录朗读的内容、时间，发动家长参与点评。《加盟书》一发，活动就变得正规起来，牵手家长一起参与，活动的组织力量就更加强大了。每天只要打开朗读群，点击任意一个，就可以听到某个孩子今天的朗读内容，这是一种分享，是一种倾听，更是一种相互学习的态度。

二

"有声朗读"的活动在班里开展已经一个学期了，班级孩子养成了天天朗读的习惯，孩子们敢于亮出自己的声音，胆量练大了，学习劲头更足了。孩子们之所以喜欢，家长们之所以认同，主要有以下几点原因：

首先，它的出现源自孩子的需要。学校里很多活动都属于"指令性"，按照上级的要求执行，孩子们没有主动权、选择权。"有声朗读"活动从起初一个孩子参加，到三个孩子参加，发展到全班孩子加入，在被孩子们需要的过程中逐渐扩展壮大的，这一过程班主任充分尊重孩子的参与意愿，尊重孩子的个性体验，如《加盟书》自愿领取，评价自主开展，调动了孩子自主参与的热情，感受到了自我成长的乐趣。

其次，它拥有分级奖励的催化。对小学生来说，奖励是最好的催化剂，是促动他们上进的动力。"有声朗读"推出的奖励策略采用分级制：坚持朗读一周，奖励一元创实币；坚持朗读四周，奖励10元创实币；坚持一个学期，荣获"创实朗读之星"称号，颁发奖状。孩子们跳一跳摘到一颗星，坚持越久奖励越大。这种分级螺旋上升的奖励策略目的在于鼓励孩子持之以恒。一部分平时不易授奖的孩子，在活动中寻找到了自我价值，无形中带动各方面表现都越来越优秀。

最后，它衍生了家庭的融洽氛围。很多亲子矛盾由"亲欲子学子不学"而造成，开展"有声朗读"活动以后，孩子们不用家长催促，都会自主安排好读书时间，让家长们感到很欣慰。每天至少15分钟，孩子读书给家长听，家长倾听孩子朗读，亲子共读融洽了亲子关系。不少家长反馈，听孩子读书久了，自己也被熏陶了，有时会陪着孩子看一会儿书，家里多了一些书香味儿，文化气息。

由"有声朗读"，班级还衍生出了系列读书活动，如"原生作文朗读""诗歌朗诵赛""书香家庭推荐"等，以点带线培育浓郁书香气息的班级文化，浸润孩子的心灵，点燃孩子的精神世界！

班级"书市"

有的学生喜欢"众里寻他千百度",边逛边翻,一圈下来才"下手",以免错失他的好书。

活动缘起

听说过超市、集市、股市,有见过班级"书市"吗?在我们班已经开展多年了。为什么缘起这项活动?

在班级内开展一种有创意的阅读活动,调动孩子们的阅读热情,培养他们的阅读习惯,从而营造浓浓的班级书香氛围。我想到生活中孩子们喜欢逛超市,因为琳琅满目的商品吸引眼球,而且选购自由便捷。借鉴超市成功的经营模式,把它运用到读书活动之中,于是我们班的"书市"活动就这样拉开了帷幕……

活动过程

1. 选书

生活条件好了,家长们也意识到阅读的重要,所以孩子们家里的藏书也多起来。据统计一半以上的孩子家里藏书超过百本。书的类型丰富多样:童话、科普、名著、漫画、校园生活等。挑选书本遵循以下两点:①有阅读价值。有些书虽然有趣,但营养价值不高,如动漫、玄幻系列就不作为交流对象;②适合同年龄阅读。每个年龄阶段,阅读的层次不一,挑选合适的才对口味。

2. 推荐

想让自己的书成为亮点,必须要给书来打"广告"。学生轮流上台介绍自己所带的书，重点介绍其中一本，可以从书名、作者、主要内容、读后感想等方面进行交流推荐，其他孩子可以就感兴趣的某个方面举手提问，展开互动。教师也尽可能参与其中，或者给孩子们推荐一本书，或者参与互动环节，做到师生共读。这一环节介绍者常常讲得有声有色，倾听者往往伸着脖子津津有味听着。对介绍者来说，这既是自己阅读的价值体现，也是一次很好的倾吐；对倾听者来说，这既长知识，又激发其阅读兴趣，增加阅读期待值。

3. 设摊

学生把自己带来的书整整齐齐摆放在书桌上，多者近十本，少者也有三四本，等待书客光临。这时候孩子们表现得对书格外珍惜，摆摆这本，摸摸那本，也希望自己的书能被其他同学所喜欢。

4. 借阅

为使借书更有秩序，所以分批转换角色。一、二两排学生先出发借阅，三、四两排学生在座位上迎候。有的学生早就有了意中书，锁定目标径直来到借阅点；有的学生则喜欢"众里寻他千百度"，边逛边翻，一圈下来才"下手"，以免错失他的好书。借书者翻阅、询问，书主很有耐心地讲解、回答。也有三五一群围在一个书摊前，七嘴八舌议论关于书的内容，或是谈论作者，或是谈论阅读过的同系列的书，或是翻到某一段有感触的话发表各自高见。如果大家"情投意合"，则在书主的一份"借书登记表"上进行记录，包括借书日期、借阅者、书名、归还日期，以此保证课外书能"完璧归赵"。

5. 阅读

每位孩子借到书后，教室安静下来，大家坐在位置上开始阅读。捧着精心挑选来的课外书，各个心里美滋滋的，脸上洋溢着快乐和满足。这一时刻，不管是乖乖宝，还是调皮鬼，都钻进书海里去了，一副聚精会神的样子。教室里会保持少有的安静。如果我们能营造一种氛围，让孩子们潜下心来静静地阅读一本好书，书就会散发其无尽魅力，这也是孩子们最享受的一刻！也是整个班级最美丽的一刻!

6. 延伸

书市活动一周一次,活动结束双休日我们有一个常规的阅读作业,两个内容供学生挑选:①在"阅读记录卡"上反馈本周读书的一段心得感受;②小组合作创办一张"快乐读书报",可以摘录书中的经典话语,也可以记录自己读书的心情故事等。孩子根据兴趣自由完成。"读"与"写""画"相结合,多感官、多方位调动学生读书的兴趣,享受阅读带来的成功感受。

活动价值

1. 书本流动起来

很多书学生读过一遍就搁置在书架上,有的甚至买来就成为书架上的摆设品。书市活动一开张,书又重新得到小主人的重视,一批一批来到活动中参与交流、参与交换,书本开始流动起来了。书本的价值也不断提升,以前一本书只被阅读一次,现在一本书可以被不同的孩子轮流阅读。家长开玩笑说:"班级开展书市活动,为我们省钱省心了!"

2. 书路拓宽起来

书市活动孩子们带来的书丰富多样,这让一部分平时阅读单一的孩子大开眼界。我们班有位男孩喜欢动物,以前只买与动物有关的书,其他书基本不沾边,家长也为之烦恼。书市活动开展后,他听了同学们精彩的好书推荐,感受到了各种书籍的风采,慢慢改掉了"阅读偏食症"。书市活动中受益的孩子还有很多。孩子们的书路越宽,了解的知识就越多,兴趣爱好也越广。

3. 阅读主动起来

四年级刚接手新班,真正喜欢阅读的孩子屈指可数,大部分学生都把阅读当成一项作业任务来完成。书市活动给予了孩子阅读更多的空间、时间,阅读有交流,阅读有共鸣,阅读有知音。孩子们借助书市活动找到了阅读的归属感,激发了兴趣，培养了习惯，阅读从被动走向积极主动！

学生以读书为乐，享受读书。我们的班级时时透露着书香味儿，处处洋溢着书香情！

出黑板报=美差

能向大家汇报让她觉得是一件特别光荣又自豪的事,所以即便没准备好,小姑娘还是第一时间争取表达的机会。

黑板报属于班级硬文化建设的内容,能起到装扮教室的作用。黑板报的内容一般有导向性,能传递正能量,所以也能起到宣传教育的作用。出黑板的过程若是学生参与其中,把主动权交给他们,更能锻炼他们的审美能力、动手能力、合作能力。

如何从中年级开始培养孩子们参与出黑板报的兴趣,调动他们的积极性,第一期黑板报出炉后,我做了以下几件事:

评价赞美

语文课伊始,我没直接上课,而是把话题引到了刚刚完工的黑板报上。我开心地汇报:"孩子们,新学期第一期黑板报在大家共同努力之下,如期刊出啦!"话音未落孩子们齐刷刷地转过身去看黑板报,这时的看不是一般意义的看,孩子们都带着一种欣赏的眼光,有些孩子还发出"哇""啧啧"的赞叹。

我趁机说:"谁能用自己的话来赞美一下这一期的黑板报?"孩子们纷纷举手,有的说,黑板报色彩鲜艳,很好看;有的表扬这一期黑板报内容特别丰富,都张贴满了;有的赞美贴上去的作品很精致……孩子们挖空心思表扬,这使得参与出黑板报的孩子和提供作品的孩子听了心里都乐开了花!

成员汇报

接着我邀请参与的孩子来介绍出黑板报的经历,谈一谈自己的感受。胡雨嘉自告奋勇上来,虽然走上来的时候她还不知道该怎么介绍,问我:"俞老师,我怎么说?"但能向大家汇报让她觉得是一件特别光荣又自豪的事,所以即便没准备好,小姑娘还是第一时间争取表达的机会。

之后在我的启发下,小姑娘向大家介绍了本次黑板报的主题,每个板块张贴的内容,刊出过程中我们的分工,以及特别表扬了康嘉欣同学,说:"俞老师外出学习时间,主动提供作品,主动把作品张贴在板报上,俞老师回来给了一个大大的惊喜。"再看康嘉欣,被同伴郑重点名表扬,羞涩腼腆中获得的是大大的满足。

表扬奖励

与班级实施的表扬奖励制度挂钩,在大家面前给参与出黑板报的5位孩子各颁发了2颗星星,5位孩子由衷地开心,其他孩子一脸的羡慕。我跟大家说:"出黑板报的机会谁都可以来争取,只要你愿意为班级做事,只要你有这方面的兴趣,都可以试着加入这支队伍。"

拍照留念

最后,我请5个孩子在这期黑板报前合影留念,见证他们付出劳动取得的成果,并把照片发到班级群,让他们也收获家长们的点赞。

如此做文章,是想把出黑板报变成一桩美差,让孩子们感受到其中的乐趣,收获付出劳动后的甜蜜,看到自己做这件事的价值。只有他们喜欢、渴望,才会用心去做,才能开发潜力,锻炼能力。另一方面,出黑板报这件事孩子们上心了,我就可以偷懒了。

春游分组

合理分组，是活动顺利开展的一项保证。

又到一年春游季，春游前我们都会分组，小组形式便于活动中的管理。我们班尝试过几种分组的方法：

1. 自由组合法。根据活动场地的要求我先确定每组人数和男女生比例，然后孩子们自由找伙伴组合团队。

2. 组长归属法。我事先确定好组长和每一组的男女生比例，然后孩子们自由选择加入某个组长的队伍。

分组之所以每次规定男女生的比例，是因为高年级的孩子已经有了朦胧的性别意识，找伙伴的时候都会倾向同性的为一组，导致一组中都是男生或都是女生。往往男孩子比较调皮，一组都是男生容易调皮捣蛋不方便管理；其次，与人交往包括同性交往和异性交往，若男女生分得太清楚，就少了异性交往的机会，不利于发展孩子的交往能力；再次，有句话说"男女搭配干活不累"，男生有男生的优点，女生有女生的特长，一起合作更能发挥各自优势，达到更好的合作效果。

以前尝试的这两种分组方法，我看到各有利弊：

1."自由分组法"，给了孩子很大的伙伴选择自由权，做到了尊重他们的选择。暴露出来的问题是，优秀的孩子往往与优秀的孩子为一组，能力弱的孩子也成一组，组和组之间差别很大，有的小组甚至选不出组长，不利于活动的开展。

2."组长归属法",优点和缺点都介于"自由分组法",自由权稍弱了一些,好处是基本能保证组和组的能力均衡,至少每一组都有一两位优秀的孩子可以起到组织带动作用。

这次学校组织春游,今天我抽出时间安排分组。我没有指定按哪种方式,把问题抛给了孩子:"这次春游你们觉得怎么分组更加合理?"

张笑涵第一个站起来说:"俞老师,我认为以前分组每次都会有几个同学落单,有同学爱挑人,闹得不愉快。这次我们干脆就按座位以创实队来分组吧。"她一说,有一部分孩子的表情马上表示出反对,甚至发出抱怨声。我理解这些孩子,好不容易等到春游,期盼着能和好朋友在一起。但张笑涵是从全局考虑,说得也有道理。

于是,我先安抚出现小情绪的这些孩子,你们的想法在常理中,老师懂。然后我引导他们站在落单孩子的角度体会他们的心情,将心比心后孩子们觉得张笑涵讲得有道理。我继续补充道:"四个创实小队平时更多的是校内合作,很少有机会走到校外,当然也要发挥一下各组在校外的合作实力!"如此一说,孩子们的积极性来了,大家都认为可行。

这样分组还有一个好处,便于我对他们的活动表现进行考核,因为可以和班里实施的"小组合作竞赛活动"挂起钩来。在孩子们的提议下,这次春游考核分为五项内容:安全、纪律、卫生、文明、合作。每一项内容孩子亮出底分——1分,5个方面都做好了,就是"满分小组"。活动的考核,是孩子们自我评定活动成效的一种依据。

合理分组,是活动顺利开展的一项保证。不同的活动对于分组的要求也会不同,小组人员的数量、人员间的搭配都会随之变化。高年级的孩子已经有一定的分组经验,有自己的一些想法,不妨把分组的任务交给他们来定夺,班主任要做的就是帮他们一起分析利弊,尽可能发挥每一位孩子参与活动的主人翁精神!

线上班级活动

活动形式要丰富,变出一些新花样;活动形式要有创意,符合孩子们的口味;活动形式还要成为一种平台让孩子们的潜力得以发挥。

疫情期间在朋友圈看到家长发的一条信息,标题"瞧,特殊时期我们的一家子",下面配着一张照片:沙发上爸爸葛优躺捧着手机,两个孩子趴着看Pad。我当时想,这样的画面可能不止出现在一家、两家,不少家庭在这个特殊阶段都以此在打发时间。这样下去不光孩子的视力受到影响,他们的精神状态会变得越来越懈怠,一部分孩子可能还会沉溺网络无法自拔。

一

线上班级活动拿什么吸引孩子和家长?活动之前,我拟定了一份"创实擂主争霸召集令","创实"是我们的班名,"争霸召集令"冠此名是为了营造一丝武侠片里的气势,对孩子来说活动的包装起到吸睛激趣的作用,加上挑战性语言的辅助:"本次活动争霸的内容丰富多彩,擂主不一定是一个,只要你敢来挑战,擂主有可能是你,也有可能是他,若是你和他一样优秀,擂主就可能是你们俩,你们仨。所以,不怕你失败,就怕你不来!"一开场让孩子们觉得活动有意思,有种摩拳擦掌,跃跃欲试的冲动。

这份"召集令"就像一份活动大纲,对本次"活动目的""活动内容""活动环节""活动说明"进行了总体阐述。特别是"活动内容"安排,专门列出了一张表格。

"创实擂主争霸赛"系列活动

争霸内容	时间	准备工作	活动环节	评比规则
词语比拼（试水热身）	2月3日下午3点	1.阅读第一单元课文； 2.练习本、笔	1."播报词语"，主持人语音播报词语，正确记录，写对一个累积1分； 2."播报意思"，主持人播报意思，写出词语，写对一个累积1分	正确率最高者即为擂主，可以并列
玩转成语	2月5日下午3点	1.提前读一些成语，累积素材； 2.可以和爸爸妈妈先演练几局	1."成语接龙"，抢答形式，谁写得快谁得1分，可以重复抢答； 2."看图猜成语"，主持人出示图片，抢答正确得1分； 3."我来比画你来猜"，播放视频，抢答正确得1分	得分最高者为擂主，可以并列
古诗对对碰	2月6日下午3点	1.复习学过的古诗，读《小学生必备古诗》； 2.请家长协助演练	1."上下对句"，主持人报诗句，接上句或下句，说对一句累积1分； 2."诗句对诗人"，主持人报诗句说出诗人、朝代，答对一句累积1分； 3."飞花令"，对出一句累积1分	得分最高者为擂主，可以并列

二

线上班级活动我第一次组织，没有熟练的网络技术，没有日常的经验累积，若是没有组织好，浪费孩子、家长的时间。单枪匹马能力不够，就主动去寻找合作伙伴——家长。班主任当得越久，越来越认同家长是班级工作强有力的支持者，有他们的加入，主持班级活动的能量就会更加强大。

如何赢得他们对活动的认同和支持？必须转换相互的角色。

班主任要转换凌驾于活动之上的角色，主动与家长去沟通交流，主动向家长发出邀请。我在"召集令"的"活动说明"中，就写了一条："线上活动本人初次尝试，需要家长们技术支持、情感支持，共同保障活动效果，让孩子的假期有所学有所获。"发出邀请说清意图。

拟定"召集令"之前，我打电话联系过几位家长，把自己对整个活动的设想、面临的困惑，与他们开展过交流，询问过他们这样的活动形式是否可行，是否有意义。线上活动与日常不同,最起码需要家长为孩子提供好设备,与每个家长都有关系,所以首先要倾听家长的声音。只有当他们发自内心认同这种活动形式,后续才会全力协作支持。

经常找家长商量,慢慢地家长的角色也发生变化了,从活动的参与者、配合者,转型成为活动的筹划者、合作者。每一期活动,我都提前做好一份预案,发给几位家长过目,家长们会有自己的建议,在他们看来这个活动并不是班主任一个人的事,而是大家共同的事,活动开展成功与否都与他们息息相关。而且家长的这种角色意识是会传染的,一带五、五带十,越来越多的家长参与进来。活动组织中我抛出问题,他们会一起接收,群策群力商量,所以每一期线上活动展现出来的成果,都是我和家长们通力合作的结晶。

三

线上班级活动是为学生而打造,服务对象是学生,学生是活动的主体。活动中学生的参与情绪高涨,家长的兴趣也会随之增加;学生的精神状态积极,家长才会百分之百认可活动的意义。

第二期活动结束,我接到王同学妈妈的电话,说:"俞老师,儿子放假一直捧着手机,夺也夺不下来,你在线上组织活动后,小家伙可重视了,提早已经在准备第三期比赛的内容了!"家长的言语透露欣喜,孩子有改变,家长有目共睹。开展线上活动,孩子受益才真正体现它的价值。

以孩子为主体,活动内容的选择既要有些知识含量,又要他们感兴趣。上学期班级活动课开展过"歇后语大赛",很受学生欢迎,所以这次纳入了"玩转成语""古诗对句""元宵猜灯谜"单元,既向学生渗透优秀的传统文化知识,又得以让孩子喜欢。

以孩子为主体,不光考虑活动内容的选择,更在于活动形式的创意。我们期待活动达到寓教于乐的效果,其"乐"主要表现在活动形式上。活动形式要丰富，变出一些新花样；活动形式要有创意，符合孩子们的口味；活动形式还要成为一种平台让孩子们的潜力得以发挥。

例如，"玩转成语"这一期活动，其中一种玩法"我来比画你来猜"，做不到面对面，我就事先联系了10位小助演，请家长拍摄成小视频，看到群里那么多家长、同学围观自己的表演，这些小助演们可得意了。活动结束，有家长就向我提意见："俞老师，这种形式好极了，为什么不来找我们呀？"

第一期活动我主持，后面几期就把机会下放给了孩子们，有兴趣的孩子提前向我申请，提前做好功课，查找关于成语、古诗、元宵节的相关知识，分类整理，制作成简单的PPT，录制好开场视频等，一系列的工作都在我和家长的指导下完成。这样一个过程，孩子虽然辛苦，但提升的是综合能力，这些本领课本里无法学到。关键还能在家长、同学们面前一展风采，孩子的自我价值认可度大大提升。而对于其他孩子来说，同伴的优秀无形树立了榜样，也会带动他们成长起来。

四

班级活动为学生搭建了互动交往的平台，是构成情感交流的有效场所。参加的是活动，交流的是情感，营造的是氛围，这是开展班级活动的意义所在。何况与众不同的是有家长在线，活动搭建的交往平台不光是孩子与孩子之间，还有孩子与家长之间，学生家庭与家庭之间，多维互动使活动更加有了温度。

"闹元宵"这期活动，有一个环节"轮流主持、互猜灯谜"，设计理念就是把活动主动权交给每户家庭，加强家庭与家庭之间的互动交流。每户家庭提前准备3道灯谜，按照群里的编号轮流出题，3题完毕，主持家庭宣布本轮战况。整个过程我保持沉默，安静观战，把群里的掌控权都交给了家庭。收到什么不一样的效果呢？家长之间的对话多起来：有互捧之词，我赞美你主持得好，你赞美我知识丰富，答题速度快；偶尔间也会出现一两句互怼、调侃的话。一旦话匣子打开，陌生感就渐渐隐去了。

其实，家长之间是很容易产生共识的，他们年龄相仿，子女一样大，有很多共同的话题，只要老师稍微牵牵线，搭建一些平台，他们之间就会建立朋友关系。时常一期活动结束，群里家长们聊天余温不减，他们会聊疫情，会嘘寒问暖，会询问孩子的学习、作业情况，等等。群里融洽的氛围，一定程度上排解了疫情期间大家闭门蜗居空虚、不安的情绪，更重要的是家长之间友好氛围的形成，能给整个集体灌输正能量，能让整个班集体变得有温度、有力量。

疫情期间，班级开展的线上活动不光活跃了孩子，还活跃了班级的家长，家长、孩子齐上阵，营造了和谐向上的家庭学习氛围。这对孩子来说，无论在心理上还是学习状态上都起到了积极的促进作用。系列活动下来，我认为线上开展班级活动有值得推行的价值，它的组织比较灵活，不受空间限制，方便家长参与。它可以成为家长了解孩子班级生活的一条常规途径，也可以打造成为家校共育的一个得力平台。

班级晨读

让每个孩子知道，晨间进教室，自己要做些什么，每一步该怎样做。

俗话说"良好的开端是成功的一半"。早上是崭新一天的开始，于学习而论，晨读是孩子们一天中进入的第一个学习活动，保证晨读的质量，让孩子们以饱满的精神状态和学习状态开启一天的学习生活。

如何保证晨读的质量？落实一个关键词"有序"。任何活动做到有序，就不会乱。所谓的"有序"，就是在这个时间段，孩子们知道要做什么，知道一步一步该怎么做。

早上到校，一部分学生比老师来得早，这段空窗期，有些孩子就会三五个凑在一起聊天唠家常，有些孩子甚至会借用这段时间偷偷补写家庭作业。如何把这段时间利用起来，高段的班级就可为小干部搭建平台，让他们开展组织。

如我们班，每周有两位值周班长，一位负责纪律，一位负责卫生。负责纪律的孩子每天早上第一个任务，就是组织班级同学开展晨读。

如何有序组织？上岗前，班长要明白：晨读这段时间我要做些什么？一步一步该怎么组织？所以开学初，班级制定了一份"值周班长职责表"，这份制度表很清楚地记录了每个时段班长的工作。

如晨读职责要求：①提早十分钟到校；②到校后把晨读任务写在黑板上，每天的晨读任务必须与前一天的学习内容有联系；③根据晨读任务组织同学们开展学习。

班长组织同学们开展学习活动，思路清晰，步骤清楚，就容易管理好。

早上到校，同学们陆陆续续进教室，怎样做到不影响周围同学，不影响整个班级的早读氛围？每个孩子入座要有序。

怎样做到入座有序？就要让每个孩子知道，晨间进教室，自己要做些什么，一步一步该怎样做。

例如，我们班级，每个孩子进教室后，首先整理好昨晚的作业放在课桌左上角，方便组长来查收；第二步，按照黑板早读任务，准备好早读要用的学习用书；第三步，把书包整齐放入书柜，摆放时包带压在包身下，以免掉出来影响美观。然后回到座位上，开始和同学们一起进入早读。

学期初两周，需要班主任指导、强调，一旦孩子们"有序"的意识强了，班级的晨读就进入自主运行模式，这段时间就可以交给孩子们了。

创实周报诞生记

> 每开启一项活动，对孩子来说都是接受一项挑战，就是在不断挑战中他们的潜能得到激发，能力得到锻炼。

何谓"班级摄影台"？就是孩子们以写日记的方式记录当天班级中的一些镜头，可以写班级中的人，也可以写班级中的事。最近孩子们写"班摄"的质量比较高，语文课专门腾出时间交流优秀作业，孩子们可喜欢听了。我跟孩子们说："一篇篇'班摄'其实反映了我们创实班每一天的时事新闻。"

昨天放学后，创实队长之一的张笑涵找我，说："俞老师，我有个想法。"这小姑娘平时工作积极，点子也多。我问："什么想法说来听听。"她说："俞老师，今天交流'班摄'给了我启发，我觉得可以把'班摄'里好的文章片段汇集起来，每周刊出一期我们创实班报。"小姑娘虽然讲话有些急，但是思路清晰，估计经过酝酿了。

我一听就觉得是个不错的建议，这样能进一步激发孩子们写作表达的积极性，而且精彩片段保留下来就是班级生活美好的回忆。不过我也有一些顾虑：平时班级活动多，能干的孩子已经比较忙了，刊出周报会不会增加他们的负担。当然，如果孩子们喜欢做这件事，"负担"也会变得很甜蜜。我当即肯定了她："这是个很好的点子，晚上回去你可以先策划起来，明后天征求一下身边同学的意见。"

得到我的认同小姑娘脸上绽开了花，与此同时在旁边的邬同学、汪同学都向张笑涵示意，说了一连串英文，我问啥意思，她们说赞同张笑涵的点子，由此看来孩子们挺有兴趣,挺愿意尝试。

今天早上我一到校,张笑涵就递给我两张铅画纸说:"俞老师,您看看!"一张是"创实周报招募人员的海报",另一张是"周报版面设计"。感动于小姑娘的用心,我说:"真好!接下去你就招兵买马吧,等团队成立我们再一起研讨。"

第一节语文课我和孩子们谈了这件事,目的在于:①表扬张同学积极为班级出谋划策的精神,争取表扬一个激励一批;②认识创建班刊的意义,也为张同学执行这件事打气鼓励。

课间报名踊跃,下午上课前张同学就把录用同学的名单交给我。孩子的工作效率那么高,我也不能落后,放学前我把这些孩子召集起来开了个会。由于参与人数多所以分成了两组,这样既减轻工作量,也能相互PK学习。我们一起讨论班刊有关事项,包括版面的大小、电子版还是手抄版、具体分工的落实,等等。

最后我跟他们讲,创编班刊我们第一次尝试,过程中肯定会碰到困难,你们想好会坚持做好这件事吗?孩子们异口同声表态:"会坚持!"

每开启一项活动,对孩子来说都是接受一项挑战,就是在不断挑战中他们的潜能得到激发,能力得到锻炼。愿即将见面的"创实周报"见证创实孩子逐渐成长!

种瓜得瓜，种豆吃豆

> 孩子们是多么向往教室之外的集体生活，每一次参加农田劳动，都会把它当成一种福利。

今早到校孩子们都很欢喜，因为我们约定要来分享劳动果实——吃豌豆。

学校给五年级每个班分了一块农田，我这个班主任虽然向往"采菊东篱下"的农家生活，但是毫无农耕经验。所以上学期，邀请了班级家长来给孩子们指导——除草、翻地、播种。期末的时候已经丰收过一次，一部分菜孩子们组队推销给了学校老师，也将近卖了70元。

这学期的寒假那么长，菜地一直无人照管，欣喜的是播种时撒在周围的一圈豌豆籽，结出了很多豌豆。趁着周五那天阳光甚好，组织了部分孩子采摘。

孩子们是多么向往教室之外的集体生活，每一次参加农田劳动，都会把它当成一种福利。在农田上体验劳动生活，他们是认真的，看不到嬉笑玩耍的身影，或许这是一次来之不易的机会，或许他们在享受丰收的愉快，或许对他们来说这是一种难得的体验。反倒是我这个班主任劳动时不专心，跟在他们身后，时而帮他们一下，时而给他们拍几张照片。

在自家农田里，孩子们像发现新大陆一样，拔出了几个萝卜，有白萝卜、红萝卜、还有外形酷似红薯的萝卜，算是意外的收获吧。

瞧瞧一节劳动课大家的收获。丰收了一批，如何处理这些战利品？一些孩子说："和上次一样卖给学校老师吧，积攒一些班费。"也有孩子说："分给同学们回家煮了吃。"最后我们决定由8位孩子带回家，在家长指导下，继续参与劳动体验——煮豌豆，再把成品带回学校分享给同学们品尝。

第二天8位孩子带了各种煮法的豌豆，有几份还热乎乎的，为了让孩子们吃到新鲜的，几位家长特意赶在早上煮的，孩子们有这样一次经历，能吃得这么美，离不开家长们背后的出力支持。8位孩子还向我们介绍了煮豆的经历，最佩服彭赫同学，从剥豆到最后出锅都是独立完成，所以介绍的时候更加喜滋滋的。

分豆吃豆组织还得有序进行。做好卫生工作，吃之前先洗手，铺好从家里自带的保鲜袋，准备好餐巾纸，一张放壳，一张擦手。准备就绪开始分发，8位孩子分别对应一个小组，这样比较有秩序，若是分完自己小组还有多余的，可以分享给其他小组同学，保证每个孩子都能吃到豌豆，也保证豌豆不浪费。虽然豌豆是家常菜，但是全班同学一起吃是第一次，况且还是我们班级自己种出来的，这味道、这体验当然与众不同，也会记忆犹新。

适时引导孩子表达活动的感受，这不仅是反馈是总结，而且能加深孩子参与活动的体验。所以吃完豌豆邀请孩子简单来回味一下吃豌豆的心情、豌豆的味道、种豆吃豆的感受，并向8位煮豆的同学表达感谢。活动的价值并非单一性，尽可能搭建平台，让孩子们登台，开发活动的多元价值。

班级农田里的豌豆还有，约了明天带第二批孩子去采摘，争取让更多的孩子有这样美好的体验。

最忆是童年

被孩子们夸赞是一种享受,真像是一名孩子王。

林海音在《城南旧事》的序中写到:夏天过去,秋天过去,冬天又来了,骆驼队又来了,童年却一去不还了……我默默地想,慢慢地写,又看见冬阳下的骆驼队走过来,又听见缓缓悦耳的驼铃声。童年重临于我的心头……

第二单元的课文都围绕"童年生活",学完课文和孩子们聊童年,让孩子们说说童年生活中难忘的事。他们没有回应一脸茫然地看着我,这样的反映也在我预料中,脑海中没搜寻到画面,话匣子自然打不开。

孩子们没话说的时候最好不要再请他们说,不然嘴巴会闭得更紧。让他们听听我童年中难忘的事,我从课本中一张小女孩滑冰摔跤的图片开始说:"俞老师小时候滑冰摔过跤,左手摔骨折了。"孩子们一听睁大了眼睛,我知道他们对我的故事感兴趣,于是就跟他们讲述了我读师范时偷偷外出溜冰的事,如何在溜冰场上风驰电掣,如何摔倒在地,骨折的时候是一种怎样的疼痛,包括我现在一进骨科都恐惧……孩子们眨巴着眼睛认真听。继而有孩子要来分享自己摔跤的事,一个两个孩子开始说,课堂逐渐活跃起来……

我还告诉他们,俞老师小时候玩"过家家"的事,班里好多女孩子都举手,有的讲自己曾跟洋娃娃过家家,有的讲跟小伙伴过家家,周天阳同学讲述了幼儿园的时候被林夕茵拽着玩过家家,当时有点无奈,现在成了美好的回忆。你会发现当孩子们脑海中画面被激活的时候,他们的表达欲望也被点燃了。

说的孩子有滋有味地回忆,听的同学不时哈哈大笑,笑小时候的种种幼稚行为,毕竟现在长大一点。虽然都是过家家,我们那个年代与现在玩法不一样了,现在玩起来更现代化,有一整套过家家的装备,锅碗瓢盆样样俱全,我们那个时候的道具是一些石头、碎瓦片之类的。"过家家"的游戏一代一代玩下来,估计孩童时代都有一种渴望长大的心理吧!

而后我还跟他们分享我们那个年代小时候的课间活动:女同学跳橡皮筋、踢毽子、拾子(类似麻将牌的东西抛到空中把它接住);男同学玩打弹子、打卡片儿。我说俞老师小时候跳皮筋很厉害,每次选人都是第一批被选走,跳皮筋的花样有很多,每种花样都有名称呢,下次教你们玩。现在孩子很少玩跳皮筋之类的,他们被我撩拨得蠢蠢欲动,呵呵……

周天阳同学站起来,说:"俞老师,我们家有'打不散',爸爸说是他们小时候玩的。""打不散"类似陀螺,用一根小鞭子不停抽,能在地上不停转。班里孩子很多玩过"陀螺",但大都没见过"打不散"。所以,第二天周天阳就把家里珍藏的玩具——"打不散"带来了。

活动课的时候,我们一起到操场上玩。虽然是我们那个年代的玩具,但那是男生玩的,我也没好好玩过,所以周天阳教我怎么绑绳,怎么发球。没想到我第一次尝试居然成功了,"打不散"非常听话地转起来,小鞭子一抽,转得更欢了。围观的一群孩子边跳边给我鼓励:"俞老师,好棒!""俞老师,真厉害!"被孩子们夸赞是一种享受,真像是一名孩子王。

接着这根小鞭子就一个个传下去,女同学、男同学都来玩一玩,体验一把。"打不散"转到东,一群孩子跟到东,转到西,孩子们跟到西,大声喊着"打打打!转转转!"每个孩子脸上洋溢着快乐,我也跟着他们找回童年的感受。

晚上,我把孩子们玩"打不散"的照片传到班级群里(我经常把孩子们在学校活动的照片分享到群里,让家长了解校园生活,班级生活。),家长朋友纷纷点赞,也忆起童年。马张媛妈妈说:"我们以前也玩过,勾起了回忆。谢谢周天阳带了这个玩具,快乐的童年就应该是这样的。"郑愉月妈妈说:"以前这种玩具都是自己做的,现在很难买到了。"张艺萱妈妈说:"以前,我们还玩跳皮筋,下次叫我女儿带来。"……我在群里回了一条:"下次组织家长一起玩,寻找逝去的童年。" 童年对我们这一代来说封存已久,一旦看到儿时的玩具,听到儿时的童谣,说起儿时的画面,就会追忆起那一段纯真、快乐、无忧无虑的时光。

"百日跑"跑出精气神

我们班级有三句简单的口令:"不说话,踩白线,保间距。"

进入冬季很多学校都开展了"百日跑"活动。百日冬练,既强身健体,又能在跑步中磨炼学生的意志,培养班集体的团队情怀。发挥"百日跑"的价值,先要保证它的质量,让每个孩子都能认真跑,跑出精气神。

我们班级的"百日跑",我通过以下三点来抓质量:

编个口令来规范

口令的内容言简意赅,利于记忆,且读起来朗朗上口,小孩子喜欢接受。"百日跑",我们班级有三句简单的口令:"不说话,踩白线,保间距。"

借用这三句口令来规范跑步过程:"不说话"是基本纪律,对小孩子来说,管住了自己的嘴,注意力才会集中在做的事情上;"踩白线",指的是每个孩子在跑步过程中都要踩着跑道的白线向前进,有线可依,纵向的队伍就能保证排直;"保间距",指的是与前面一位孩子始终保持同等的间隔距离,做到这一点整支队伍才能时刻保持整齐。

这三句口令谁创编的?是学生,集体总动员讨论而成。来自孩子自己的想法,更易被他们认可和遵守。"百日跑"开始前半个月,出发之前我们都会大声念三遍口令,以此提醒每个孩子自觉做到。

拉长过程来指导

把一件事情做好，有时候需要我们拉长教育的过程，使用分解动作来指导，在慢节奏中将事情做实。

跑步看起来是一件简单的事情，但是要跑整齐也并不容易。尽管我们有三句口令的提醒，尽管跑步过程我在一旁也时刻提醒，但是经常横排的四位孩子跑错位。所以每次跑步前整队，我让体育委员增加了一个动作：横排的四位孩子牵一牵手。这一动作旨在传达今儿跑步，你们四位同学都要在一条横线上，谁也不能被落下。还别说，整队过程加上这一动作，跑步过程横向的四位同学黏合度大有提升。当然等以后孩子们能自觉做到横向对齐了，这一动作就可以省略了。

哪个环节要拉长指导过程？这要看问题所在。有问题之处，寻找解决方法，进行分解指导，击破难点。

打个比方来激趣

跑步有了要求、有了规则就是一件严肃的事情，如何让孩子们从中体验到乐趣，觉得跑步也是一件很有意思的事情？我借用形象化的比喻幽默一下，来激发他们的兴趣。我有时将跑步过程比作一辆跑车的行进。

比如说，跑步之前要让他们先动起来。我会跟他们讲："任何一款优质的跑车，启动之前都需要先启动预热一会儿，这样行驶过程中才能更好地发挥性能。"这句话的受欢迎程度远超"同学们先跑起来"。

比如说，三句口令最难做到的是"保间距"。因为操场上同时有很多班级一起跑，速度会时快时慢，这就需要孩子根据前方的形式调整跑步的节奏。我就这么跟孩子比方的："一辆好的跑车性能肯定是一流的，会根据前方的情况随时调整速度，前方路况好稍稍加速，前方有拥堵稍稍踩一下刹车放慢速度，始终都能让自己保持在安全的范围中。"

对于小学生来说，交流时带点形象化的比喻，要比指令性或严肃性的说教，更容易被他们接受和理解。而且谁不希望自己是一辆高质量高性能的豪车呢,形象的比喻也给跑步添了那么一点小小的挑战,更有意味了。

"百日跑"认真参与,跑出质量,不但能达到锻炼体魄的作用,还能在集体性的活动中培养团队的凝聚力,增加班集体的精气神!

让每个孩子都感受他人的看见

适当拉长评价的"过程",让每一个孩子都感受他人的看见,让每个孩子都感受到活动中自己存在的价值。

迎教师节,学校大队部开展了一个有意思的活动——给老师设计奖状。

昨晚把任务布置下去,今天孩子们交作品,每一张我都认真做了阅览,各有创意,各有千秋,当然也有个别孩子随意应付。所以每次活动,对于认真参与的孩子,应有所得;而对于态度随意的孩子,他感受不到活动的意义和价值。

如何让一些不注重参与活动的孩子,能有一些促动呢?后续开展活动的评价很重要。下午,我借用一节课的时间,对孩子们的作品做了一次集体式反馈,孩子们玩得都很开心。主要分以下3个环节:

"我来选"

我们班有"红、黄、蓝、绿"4个小队,那就以4个小队为单位,先在小队里展示作品,相互介绍。

此环节的主要目的:

1. 让每个孩子都有机会向同学展示自己的作品,让每个孩子的作品都被他人看见,这是对付出劳动最好的回馈;

2. 小队凝聚力的产生,队长向心力的形成,都是需要给予平台锻炼的。把权利下放给小队,让队长来组织,既能锻炼队长的引领能力,同时也能加强小组成员的合作能力。

"我来秀"

每队选出5份优秀作业,分队上来向集体展示。不光展示画面创意,更要看写的颁奖词是否真诚,给老师的评价是否准确。

此环节的主要目的:

1. 对孩子来说,榜样教育的力量是非常强大的。欣赏同伴的优秀作业,就是最好的学习途径;

2. 对每一位上台展示的孩子来说,是一份荣耀,也是一次机会,是对他们认真态度的认可。

"我来赞"

台上20位孩子,20份作品,如何再次评价?把权力依旧交给孩子们。每队选出3位观察员,观察要求是从"设计、文字、介绍"三方面评价。每位观察员有5次投票权利,投票方式"握手祝贺"。

此环节的主要目的:

1. 给予全班孩子互动的机会,"握手"表达的是友好,借用这样的机会,加强同学之间的交往;

2. 给活动预设一些悬念,让活动增添一些趣味,这是小学生喜欢的。

因为有投票环节,要考虑的是"几家欢喜几家愁"的现象,怎样让每个孩子都开开心心上台展示,再开开心心回到座位上,老师的总结点评很重要。

第一,要认可每一位孩子展示的作品,各有特色;

第二,强调他们认真参与的态度,给予每个孩子"代币"奖励,让他们都有收获。

当然,对于票数最高的6位孩子,给予第二次奖励,并且申明能得到大家一致赞同,就能获大奖,下一次活动谁都有可能。

参加活动，"获奖"只是一个"结果"，它也只属于个别优秀的孩子；活动真正的目的在于给每个孩子提供成长的机会，从而促进整个团队的成长。所以，适当拉长评价的"过程"，让每一个孩子都感受他人的看见，让每个孩子都感受到活动中自己存在的价值。

第五章

共育一间教室

教育要想获得成功,不仅要做一个好老师,而且要有一个实现共同目标的团队。你好,家长合伙人!

如何说，家长愿意听

孩子五年级了他有这个能力自己去问清楚，你要鼓励他自己解决。

家校合作的问题很多源于教师、家长沟通不畅，那么如何说家长愿意听，愿意相信呢？与家长友善沟通是家校合作的第一步，也是建立家校合作关系的情感基础。

一

昨晚放学，李妈妈在群里发我一条信息：

> 俞老师想跟你说一下关于小李体训的事，他说今天下午体训脚和腿都很痛，作业也还有很多要做，我想跟你说一下能不能不让他参加体训队了，他自己也说现在学习紧张了，今天下午脚也发抖。

参加体训队是一件很辛苦的事，时间上也有可能影响到学习，李妈妈的心情完全能理解。但是如果仅因为这样就放弃孩子的特长爱好，怪可惜的。记得开学初李同学自我介绍，说到体育成绩好，跑步快，一脸的自豪骄傲。如果不坚持下去，这份自信也会随之消失。所以，我随之在群里回了她这样一段话：

孩子能参加体训队，说明这方面有潜力，老师在培养。而且锻炼不光能加强身体素质而且能磨炼人的耐力和毅力。如果自主放弃，下次就没有机会了。所以你们商量后单独告诉我,不用发在群里。

至现在李妈妈没有回复我。

二

大概晚上9点左右,我又收到王爸爸的一则微信:

> 俞老师,儿子说他报的兴趣班不是他喜欢的,是因为别的班都满了。男孩子学什么十字绣。他写的字太难看了,能不能换书法啊。

这个班我刚接手,没有见过王爸爸,从他发的内容隐隐感觉他心里有挺大的不满。我当时正在开车,不方便与他微信聊,所以发了我的电话过去,建议通个电话。

电话里我先告诉他,学校的书法班是专门培养书法特长生,要代表学校去参加各种比赛的,所以王同学目前的水平进不了这个班。学十字绣是孩子自己提出来的,说明他也感兴趣。

然后我向王爸爸陈述了我的看法:王同学在学校里好动,属于坐不住的一类孩子。十字绣是一门很安静很细腻的活,如果孩子愿意去尝试,说不定是一件好事,能让他从中安静下来,专注地做一件事。学这门技艺,我们不去期待他能绣出多好的作品,或者学到什么刺绣的本领,我们的目标就是培养他安静做事、细心做事的一种品质,这对孩子将来的发展是最重要的。

王爸爸听了跟我说,儿子传话要买十字绣的材料,又说不清,你能不能帮我问一下老师。我说,孩子五年级了他有这个能力自己去问清楚,你要鼓励他自己解决。

三

开学季孩子参加学校的兴趣拓展班，经常会碰到家长要求换班的事。例如，上面两则案例，李妈妈心疼孩子累，王爸爸认为男孩子学十字绣不搭，家长的想法我很能理解。与家长沟通，我们不要急着答应或者拒绝，从孩子长期发展的角度把自己的看法与家长说一说，让家长换个角度来看事情，帮助家长看到积极的一面，他们会有重新的认识。

这样即使双方沟通比较顺畅，也不会因自己班的孩子频繁调动影响到整个年级组的安排，当然更重要的一点是你向家长传达了培养孩子的理念，家校共育上主动向家长伸出了一只手。

携起手来

家校沟通达成共识，受益的是孩子，开心的是家长和老师。

办公室丁老师发给我她与家长对话的截屏，沟通交流很顺利，也与家长达成了共识，丁老师很高兴。

事情是这样的。

丁老师班上有个孩子，人挺聪明，就是学习习惯不好，作业丢三落四。丁老师好几次联系家长，让家长关注孩子的作业习惯，并未引起家长重视。昨天，那位家长突然给丁老师发来一则短信，口气略带有质问，为什么近阶段孩子的学习退步了。

收到短信，丁老师跟我来交流她的困惑：明明很多次都主动与家长交流过孩子的学习情况，家长自己不重视，怎么一下子来质问老师孩子的成绩退步了呢？虽然有些郁闷，但还是要回应家长，和家长做一次沟通，丁老师和我来商量：怎么和家长去交流。

俗话说"当局者迷，旁观者清"，我站在事件的外面，没有带任何的情感色彩，反而容易理清与家长交流的思路，所以与丁老师商议通过以下三方面实现与家长沟通：

首先，开场营造愉快的沟通氛围，在家长面前表扬孩子，孩子聪明，就夸这一点，夸的时候尽量有场景或事例。

我们知道交流者的情绪会影响沟通交流的质量，若是家长心情好，就容易放下因为不熟或不适产生的戒备感，慢慢地与老师拉近距离。自己也是家长，深有同感，当听到别人夸自己的孩子，内心总是愉悦的。在家长眼里老师是权威，被老师认同更是开心。夸的时候有场景有事例，会让家长感受到你平时对孩子的关注，增添对你的好感。有了好的沟通氛围，接下去的交流彼此容易接纳。

其次，陈述清楚孩子学习的现状。家长发微信来说明她内心有了困扰——孩子成绩下降了。所以接下来向家长讲述清楚孩子的学习现状，包括听课情况、作业情况，学校里的表现，目的是要让家长明白成绩下降是学习态度出现了问题，也可举例与其他同学横向比较，让家长看到学习态度上的差距。

而且还要告诉家长，关于孩子的学习态度曾多次跟你来汇报过，但由于你工作忙可能没引起太多的重视。要让家长意识到自己在管教孩子中的疏忽，当然语气要委婉一些，不能带有指责，或是埋怨，这样会让家长听了不舒服。

最后，给予后续的做法建议。家校沟通最主要的目的就是增进相互了解，携手创造合力，提高育人效力。孩子成绩下降主要是学习不上心，建议家长：①多腾出时间关注孩子的学习，把好家庭作业一关，把口头的关心落实到行动中，检查孩子作业，了解孩子每天学习的情况；②多腾出时间和孩子聊一聊，听一听孩子的心声，建立良好的亲子关系，让孩子感受到来自家长的关爱，也能及时把握处在成长期孩子的心理状态；③有什么需要或者困惑随时与老师取得联系，站在统一战线一起帮助教育孩子。

以上是与丁老师商量时理出的沟通思路，当然丁老师与家长沟通过程中肯定加入了自己的表达艺术。

与家长通完电话几天后，丁老师收到了家长的微信，称自己的改变带动了孩子的变化，很高兴，真心感谢老师。据丁老师后续的反馈，家长还给孩子写了一封信，这是她们母女之间第一次通信，亲子关系的改善确实带来了孩子精神面貌的变化。

家校沟通达成共识，受益的是孩子，开心的是家长和老师。当家校彼此信任，一起携起手来的时候，教育的效力才能最大程度发挥出来。

与家长的"三步沟通法"

老师的每一步付出，家长需要有回应，需要支持理解班主任工作。

疫情阶段的线上学习，更让我们看到了"家校共育"的重要性。"家校共育"的前提是家校之间建立起良好的沟通情感关系。由此，我想起了上学期年级组的一起家校沟通事件。

一早上班，进办公室发现氛围不对，坐在我对面的小A老师，两眼红红的，还在抽泣，小A老师是个认真负责的班主任，待人礼貌温柔，不至于跟谁闹矛盾或吵架。我很纳闷，后来向其他同事打听了事情的原委。

小A老师的班上有个孩子发烧，那段时间正是流感爆发期，按照疾控中心的要求，孩子退烧以后渡过稳定期才能来学校读书。那个孩子退烧后未满稳定期就提前来学校上课了。作为班主任的小A老师，打电话跟家长说明情况，并要求家长把孩子带回家。家长在电话里大声指责老师，说孩子已经退烧还不让读书，分明是老师在刁难，要求老师给他们认错。

作为班主任，小A老师很认真地执行学校交代的任务，很负责任地打电话与家长联系，结果招来了无理家长的一顿指责。小A老师的委屈，我们班主任都能懂。

班主任岗位要接触形形色色的家长，大部分家长都通情达理，理解并支持学校的工作，但是难免会碰到像上述案例中不讲道理的，或是斤斤计较的。一旦关系没处理好，会闹出很多不愉快，也会给工作带来负面的影响。

如何避免类似案例中的家校不愉快呢？事后办公室的老师开展了一次探讨，相互分享了不少经验。我将大家的智慧进行整理，以上述案例为例，来交流班主任工作中与家长的"三步沟通法"：

第一步，做到"未雨绸缪"

"凡事预则立，不预则废"，做任何事情，事先有准备就可以成功，没有准备就会失败。班主任与家长沟通也要有未雨绸缪的思想，及早布置工作，通知家长，让家长知晓，如此来预防一些节外生枝的事情发生。

很多班主任会说，日常我们都会给家长发通知的，的确是。拟通知的时候尽量把事件的前因后果交代清楚，语气委婉，不宜过长。例如，案例中的流感事件，可以告知家长以下几点信息：①最近爆发的流感的危害性；②预防流感学校采取的措施（退烧后需经过一个稳定期才能复学）；③温馨提醒家长和孩子保护身体。

提前传达起什么作用呢？有时候家长闹情绪、发脾气，是因为他并不了解学校里发生的事情真相，我们和家长所处的角度不同，对学校事情的认知并不是对等的。我们老师认识到爆发流感的严重性；在有些家长看来流感如同普通感冒，孩子烧也退了，凭什么还不让上学。他会一意孤行，认为是班主任不讲道理。

所以，及早传达通知，一是让家长对流感事件有个认知，明白事态，明白学校政策的意图；二是让家长对事件及早心里有数，万一真碰到，他有思想准备，不会一时过激把气撒在班主任身上。

第二步，学会"设身处地"

设身处地就是站在对方的角度考虑问题，想别人所想，这是沟通的一条重要法则。每个人都渴望被理解、被关注，渴望对方的心里有自己。沟通的时候若学会设身处地，就更容易走近对方，了解对方心理；也更能得到对方的接受和认可。

上述案例,我们来分析班主任与家长沟通时的两种说法,您更认同哪一种?若我们这样说:"某同学爸爸,孩子还未渡过平稳期,你得把他接走,万一传染给其他孩子就不好了。"第二种说法:"某同学爸爸,孩子还未渡过平稳期,体质较弱,学校近阶段流感还未平息,万一再次感染可不好,如果传染给别人也不好。"

老师们肯定发现了这两种表述方法的不同之处:第一种说法的关注点在其他孩子身上;第二种说法的关注点在他家孩子身上。虽然都是要求让他把孩子接回家,但是第二种说法更容易让家长接受。

第三步,解决"后顾之忧"

第一步"未雨绸缪",是让家长事先了解,这是沟通的起点;第二步"设身处地",是让家长听着舒服,这是沟通的要点;第三步解决"后顾之忧",是让家长感到安心,这是沟通的关键点。

为什么说第三步是关键?因为第三步是提供具体方法,解决事情的,这也是沟通最主要的目的。家长找班主任来交流很多时候是因孩子问题碰到困惑了,产生焦虑了。在这种情况下,他一方面很想听听您对问题的分析;另一方面他很想得到您的一些建议,给他提供一些可行的办法。前者分析,更多在于帮他缓解情绪;后者建议,则是实质性帮他解决问题,真正起到帮他排忧解难的作用。所以说这一步也是最能体现沟通的实效及价值的。

如上述案例,引起家长情绪最直接的原因是什么?他急着把孩子送到学校,最担心的是孩子的课程会落下。我们怎么帮他解决呢?在交流过程中告诉他:"第一,这几天孩子在家,让她多看看书,身体允许的情况下做一些作业,拍照发过来;第二,等孩子回来后,我会联系任课老师,把落下的课程抽时间给孩子补上。这样不会有太多影响。"解决家长的"后顾之忧",如同送他一颗定心丸,源头的担忧解除了，自然他也没什么不满了。

所以与家长的沟通交流，不仅仅是一种告知，更要我们有一种解决问题的意识，一起协调着把事情处理好，优化事情的发展方向。

我们的"11.27"行动

营造温暖的氛围才会让孩子、家长拥有班级的归属感!

班上有多少孩子给父母写过信?上几天我在班里做了调查,举手的只有三四个孩子,进一步了解也并不是正儿八经写信,而是用便条的形式留过言。

近段时间,我们语文课学的课文都是关于"父母的爱",每一篇文章列举了不同的事例,细腻地刻画了父母对孩子无微不至的关爱。若是问我们的孩子:"爸爸妈妈爱你们吗?"保证异口同声响亮地回答:"爱!"若是追问:"你来举个事例说说。"很多孩子都表现出一脸茫然,无从表达。为什么孩子答不上来?原因之一,现在的孩子把家长的爱习以为常了,很少和家长之间展开亲情的表达,缺少爱的感受力和表达力。所以,这次决定让孩子们用书信的形式和家长说一次心里话。

一

怎样激发孩子们写信的欲望?

第一招,准备专属的信纸信封。前一天晚上我去文具店挑选,原本想挑选漂亮的、可爱的,去博得孩子们的喜欢,但是有点遗憾没有买到我想要的。老板说:"现在写信的人少,花里胡哨的信纸没有进货。"当时挺后悔没有提前在网上找,后来买的是中规中矩的那种,不过分发给孩子们的时候,他们也很高兴,有了专属的信纸就有了写信的仪式感。

第二招，冠一个特别的名更体现活动性。先征求了孩子们的意见，一开始想出来的都太普通，后来有孩子提到"007行动"之类的，说要给活动增添一丝神秘感，于是就采用了当天的日期——11月27日。"11.27行动"，孩子们说这个名称听起来就是一次别样的活动，充满了神秘、充满了刺激，我们的活动也一定是在保密的状态下开展的。大家约定，信在学校内完成，晚上回家偷偷藏在一个家长容易发现的地方，给他们一个惊喜。名称就是有这样的渲染作用，孩子们对活动有了期待。

第三招，指导话题。孩子们写信的欲望已被激发，怎么写好这封信是活动最关键的。结合了语文教材单元的"口语交际"和"习作——我想对您说"两课的内容，让孩子们联系自己的生活，主要交流了三个话题：

1. 回忆与爸爸妈妈相处之间难忘的事情，表达出你的看法和你对他们的感情；
2. 与他们讲讲你对一些事情的看法，让他们了解正在长大的你；
3. 关注他们的生活，向他们提一些建议，表达你对他们生活的关心。

集体学习最大的好处是相互分享、相互启发。你讲他讲，慢慢地每个孩子都会回忆起自己与家长相处的点点滴滴，都会找到想倾诉的内容。

孩子们交流发言后，我做了简单总结：我们写这封信主要有两个目的：第一，向爸爸妈妈勇敢地表达自己的爱，平时很少传递这份感情，今天借助这封信表白你的心声，让他们知道你一直都记着他们对你的好，感恩他们对你的辛苦付出；第二，你们在爸爸妈妈的眼里都是以小不点的形象存在，通过这封信，你要让爸爸妈妈发觉你有了自己的想法、自己的意见，你已经慢慢成长了。

二

"11.27行动"实施的情况如何，效果如何？第二天的语文课，我们开展了一次特别的汇报，谈了以下几点：

你把信藏在了哪里？家长发现的一刹那他们有何表现？
你在信中写了什么？家长们与你有何交流？
你对这次"11.27行动"有何看法？

孩子们汇报的时候，有的不知不觉展开情景剧表演，既演自己又演家长，活灵活现再现昨天家里的一幕；有的孩子说着说着落泪了，想到了昨晚的感动。来看看他们汇报的花絮：

我将信悄悄地放在了煮饭的锅里，静静地等待着老爸的到来。10分钟后门开了，我心想：他来了，他终于来了！爸爸带着蔬菜走进来，进厨房第一时间发现了那封信。他打开信封认真地看，我的心"嘭嘭嘭"地跳。过了一会儿，他从厨房走出来，跟我说："给你妈发个视频，让她也看看。"老爸脸上的表情似喜，又似带了泪……

——彭赫

我把信偷偷放在妈妈包里，妈妈发现的一刹那先是惊讶后是惊喜。在信中我向妈妈提了个小建议，以后不要把我跟她说的事传给别人听，这会让我很尴尬，有种被出卖的感受。妈妈阅读信后连连说自己这样做不对，以后一定会改。

——赵士昶

我把信夹在了我的作业本里，等妈妈忙完后我主动喊她来查我的作业，我呢悄悄躲在楼梯口注视妈妈的举动。妈妈读完信，大嗓门一喊："儿子！"我回答："哦，我在！"我跳了出来妈妈激动地抱住我，左边亲了三口，右边亲了三口，那时的我脸绯红，心里却非常甜！

——常俊伟

汇报的这一天——11月28日，正好是感恩节，孩子们说："俞老师，'11.27行动'就是一次特别的感恩活动！"有家长通过电话、微信来跟我交流这件事，他们感觉孩子长大了，言语之间流露的是喜欢和满足。

这次活动在于锻炼孩子们爱的感受力、表达力，有利于培养孩子的感恩之情，有利于促进家庭亲子关系的和谐融洽。当然对于带班来说，营造温暖的氛围才会让孩子、家长拥有班级的归属感！

明天就是家长开放日

> 孩子们想长大总得给他们机会，如果成功了他们会对自己有更大的认可，如果失败了也无妨，锻炼的过程总会有成长。

明天就是我们班的家长开放日，学校安排了半天的活动。上周我连着在外面培训学习，没回过学校，也没跟孩子们接洽过开放日活动的具体事项。明天的活动将怎么拉开序幕？活动能顺利进行吗？能取得应有的成效吗？此时心里一点底都没有，理应说应该感到忐忑不安，但似乎又一点不紧张，这不紧张来源于对我们班孩子能力的信任，也来自出差前各项工作的事先落实。

学校公布开放日时间后，我当时跟孩子们商量："俞老师一周都不在，回来第一天就轮到我们展示，要不跟其他班级换一下时间，往后延几天。"

孩子接上来："俞老师，不用去麻烦其他班级，你不在我们自己会组织，会排练的！"

我不放心地说："我们总得彩排一次吧！"

孩子们接上说："我们会找代课老师一起彩排的！"

"果真行？"我质疑带激将。

"您就给我们一次机会，看看我们的能力吧！"几个能力强的孩子干脆站起来争取。

我知道孩子们想借机尝试一下完全自编自导自演一次活动，他们想看看自己的能力，也想证明自己的实力。孩子们想长大总得给他们机会，如果成功了他们会对自己有更大的认可，如果失败了也无妨，锻炼的过程总会有成长。

"你们打算怎么安排呢？"毕竟是孩子，思路上得给他们一些指导。

"班级里好多同学有才艺，我们可以组织一台节目，在家长面前展示才艺。""是的，是的，先自由报名，再确定节目，最后来个集体的，让所有同学都有上台的机会。""主持人要先确定，然后写好串词。"……孩子们发表各自见解，为活动出谋划策。

我出差之前，主持人之一的张艺萱已经完成节目的登记、排序，完成串词的撰写，并交我审阅初稿。她把内容都写在一张硬纸板上，节目之间的串词写在便条纸上，方便前后挪移，考虑很周到。

我出差之前，收到林夕茵妈妈的短信，说，女儿在家跟他老爸商量，请他爸爸在开放日活动中谈一谈家庭教育的经验。我说，他爸爸工作那么忙，我之前都不好意思请他，没想到小林同学都把我的工作安排好了。

我出差在外，每天都有孩子向我汇报活动的跟进情况，代班主任胡老师也在微信里告诉我：活动已经过一次彩排，大体不错，但最后一个集体节目不够整齐。我说："节目不精致，家长会见谅的，因为我们的活动都是孩子们自编自导，最原生态的。"

明天一早就要迎接一大批家长，忽然有些忐忑，但更多的是期待：明天孩子们会有怎样的表现呢？拭目以待！

家长进课堂，别样小体验

整节课，大家都融入在情境中。

前段时间有位家长在交流时提到，俞老师什么时候我们能进课堂来听听孩子们上课。正好这学期要在教研组上一节研修课，所以我把两件事合二为一了。

因为教室场地有限，听课限定10个名额，由家长在班级群里自愿报名，名额分分钟报满，看来很多家长都想进课堂体验。

活动前，我设计了一张听课证，内容如下：

听课证

亲爱的家长：

您好！为使您更好地了解孩子在校的课堂表现，更好地加强家校之间的沟通交流，促进家校合作的效力，您已自愿报名成功。特邀请您于×月×日，星期×，来学校听课。听课时请您做到：

1. 关闭手机，不影响孩子上课；
2. 感受上课的氛围，观察孩子的表现。

听课结束，请您简单写一写自己的感受，可以是针对上课内容的，可以是对孩子各方面的评价建议，也可以是思考家庭教育的……这将是您来参加本次活动留给班级孩子最好的反馈。

"听课证"里简单介绍了这次活动的意义,并向家长提出了听课要求,以及希望听到他们参与活动后的一些想法,这些真实的声音有助于家校之间更好的联结。

家长来听课,孩子们也高兴,自主设计了一叠手工版的"欢迎卡",提早站在教室门外欢迎。家长们还没走进我们的教室,就已经感受到我们的热情。

家长们走进教室就是一次很好的家校沟通机会,所以在上课之前安排了一项内容——向家长介绍班级文化。这个月正值学校读书节,班级的书柜是孩子们布置的,里面的书都是他们从家里带来的;黑板报上展示的是孩子们读书节的作品,有好书推荐、摘抄卡、读书感想的书签,每一份作品都凝聚了孩子创作的心血。彭赫、江雨涵、周乐伊3位同学担任讲解员,对他们来说也是一次很好的锻炼展示的机会。

彭赫同学从书柜的布置,到书的来源,到书的介绍,到班级中热爱阅读孩子的表现,讲述过程表现得沉稳大方,讲得头头是道,若不是我提醒她留点时间给后面同学,估计给她整节课都能滔滔不绝讲下来。后续,我们的家长对她赞誉不断。小姑娘的口才离不开平日的锻炼,不管是课堂上还是各种活动,她都十分主动争取机会表现。

江雨涵和周乐伊两个人合作介绍黑板报,家长、同学都听得非常认真。她们的介绍既是对每一份作品的肯定,也是对每一位作品主人付出辛苦的认可。

接下来,就是上课啦。今天我执教的是冰心的文章《忆读书》。虽然没有经历磨课,但堂上很放松,或许是因为孩子们专注的眼神,或许是因为家长也好,同事也好走进教室就把他们当成了自家人。整节课,大家都融入在情境中。

课后有3位家长代表自告奋勇做了即兴点评。

第一位发言的是张一朵妈妈,她是我们班热心家长之一,今天虽然眼睛发炎,她说我还是要来。一朵妈妈借这次活动,表扬了我们班级,更表扬了孩子们热情、大方、课堂上表现力强。

第二位发言的是江卓颖妈妈。今天江妈妈来听课，向来很少举手的江卓颖听课表现特别棒。江妈妈边听边把感想记录下来了。她听了这节课，主要联系课文内容谈到了"阅读"，以前并不是非常重视孩子阅读，现在要好好关注，好好培养。

　　第三位发言的是何雨洁爸爸，站起来发言讲得实在。他说，今天走进教室想起了自己的学生时代，那种感觉很温暖。他讲述自己学生时代与现在课堂的很多不同：以前教室里只有黑板，现在有一体机、实物投影；以前学习的方式老师讲得多，现在学习的方式不一样，更多鼓励孩子自主学习，自己发现，自己表达。过去和现在一对比，孩子们也感受到了现在学习条件优越，学习生活的幸福。

　　今天班级群里也异常热闹，听课的家长把视频、照片分享给所有家长，与其说参加了一部分家长，不如说班级所有家长都感受到了这次活动的氛围，留下了美好的印象。

　　家长进课堂，让孩子们也有了一次别样的体验，事后小家伙们反映上课的感觉既紧张又兴奋，既激动又担心，这一刻已深深烙在他们心里……

黄思琦爸爸来上课

> 黄爸爸还建议孩子们把理想写在纸上藏到信封里保存起来,每年元旦拿出来看一看是否离目标越来越近,用实际行动向理想进发。

"爸妈课堂"开课了,这次来上课的是黄思琦爸爸。小姑娘上星期跟我约的课,说爸爸已准备好了。她来约课我有点感动,因为我知道她由于爸爸工作的调动准备转学,但是还能给同学们来上课,说明心里始终怀揣着班级。

黄思琦介绍他爸爸是个幽默的人,的确是,黄爸爸在课堂上大胆地把在家的搞笑照片都播放出来了,也可见上课之诚意。黄爸爸是一名职业经理人,现在在一家公司担任副总,平时很少回家,抽出时间给同学们来上课甚是难得。

这节课的主题是"我的理想",黄爸爸先介绍了自己的职业成长史:从一名普通的工厂"员工",做到一条生产线的"组长",做到"车间主任",做到现在的"经理人",他用自己的亲身经历告诉孩子们只要肯于奋斗就会取得成绩。

课堂上,他和孩子们交流了"到底什么是理想?""如何实现理想?"等话题,我很认同他讲到的:长大后不一定去当科学家或是大明星,不管你在哪个岗位上,只要能服务于社会,获得别人的尊重、认同,就是有意义的。这也帮助孩子们树立正确的人生观、价值观。黄爸爸还建议孩子们把理想写在纸上藏到信封里保存起来,每年元旦拿出来看一看是否离目标越来越近,用实际行动向理想进发。

黄爸爸讲课很生动,与孩子们互动也很频繁。下课铃声响起的时候,好几个孩子嚷嚷:"叔叔,没关系,您继续讲下去!"他们听得兴味盎然,整节课我也一直坐在后面听得津津有味,家长们上课更加开放,首先是形式上会打破我们常规的课堂模式,对孩子们来说有新鲜感,有吸引力;其次是讲授的内容,不是来自于教科书,而是来自于他们的生活经验、社会阅历,真情实感会让孩子们大开眼界。

听黄爸爸上课,我很有一种采访他的想法,课后问了他两个问题:第一,"职业经理人"在职场上主要做哪些工作?平时接触都是教育圈的,圈外的世界对我来说也充满了好奇,特别有兴趣了解。第二,我猜测黄爸爸平时也给员工讲课,询问他给成年人上课与给孩子上课有什么不同的体验。因为时间匆忙,与黄爸爸的交流也非常有限,但我至少区分了"猎头"和"职业经理人"的不同,了解了黄爸还是很享受课堂上与孩子们的互动的。

给家长写颁奖词

这些家长的优秀在于她们的无私,不光爱自己的孩子,也爱着班级所有的孩子;在于她们的奉献,总是尽心尽力支持班级的活动,给班级的成长带来了强大的力量。

  家校共育在于家校双方凝成一股合力发挥教育的最大潜力。这项工作开展过程中,班级涌现了一批优秀的家长。这些家长的优秀在于她们的无私,不光爱自己的孩子,也爱着班级所有的孩子;在于她们的奉献,总是尽心尽力支持班级的活动,给班级的成长带来了强大的力量。

  家长的好,孩子们需要懂,这是感恩。学期结束的时候,和孩子们一起回顾了爸爸妈妈给我们班级带来的温暖。一直以来都是孩子们有奖状,这回我们打算给家长颁奖。优秀的家长有很多,在孩子们的推荐下,本学期我们选出了4位优秀家长的代表,由孩子们来写颁奖词,由孩子们给家长来颁奖。做这些,我们有约定:保密!

  假期的家访活动,带孩子一起完成了这一项特殊的任务。

第一站:陈柯豪家

  豪妈是一位开朗豪爽之人,她并不知晓我们的来意,进门就热情张罗开了。屋里有一面照片墙,记录了孩子从小到大的瞬间,其中有一张是今年"六一"我和陈柯豪的合照。个性豪爽的豪妈,足见对生活的用心。

  颁奖仪式很正规,两位班长介绍来意,代表班级同学表达感谢,声情并茂地读了下面一段话，最后郑重递上荣誉证书。豪妈感动万分，说："班级的事就是自家的事，日常为孩子们做一些力所能及的事很是开心。"她的话很朴实很暖心，一旁的陈柯豪今天也显得很开心，以前是孩子得奖，妈妈骄傲，这次是妈妈获奖，孩子感到自豪。

看一下，孩子们眼里的豪妈，大家写给豪妈的颁奖词：

亲爱的豪妈：

您在我们心里如同您的称呼一样，十分豪爽豪气。您作为一名二胎妈妈，平时要管理家中的小弟弟，很是忙碌，但是班级的事您的参与是那么积极。您给我们买冰棒，为了给教室降温买冰块，一次次与商家去交涉，您的热心和体贴我们都看在眼里。在此，恭喜您荣获本学年度"创实好爸妈奖"！我们想对您说："豪妈，您辛苦了，感谢有您！

第二站：周乐伊家

车到停车场，乐伊一家人早早等在那儿了。第一次见周爸，平时都是周妈出面。周妈开服装店，我说家访耽误了做生意，她说家访让她难得有时间陪家人。周妈非常善解人意，孩子给她的颁奖词是这样写的：

亲爱的周妈：

您总是那么时尚，您对班级的好我们都记着。疫情期间，您不怕麻烦把书运到您的店里，辛苦了自己却方便了我们。您听到学校断水消息后，不顾店里的生意，百忙之中抽出时间给我们送水；运动会期间，每天都见您拉着小推车到学校给我们送不同的点心。在此，恭喜您荣获本学年度"创实好爸妈奖"！我们想对您说："周妈，我们永远爱您！谢谢您！"

孩子们朗读这段颁奖词，不光周妈听得开心，周爸也一直默默听着，估计第一次了解周妈为班级做的这些工作。周妈接过荣誉证书的时候说，真没想到自己能获奖，只不过做了些琐碎的小事。与孩子合照的时候，周妈笑得很灿烂，周爸虽然没在镜头中但也笑得很开心。

第三站：常俊伟家

到常妈家已经8点多了，她带着孩子在大路上接我们。常妈讲话嗓门大，乍看起来大大咧咧，实际做事仔细、贴心呢。常妈不是本地人，常俊伟读完六年级就回老家。尽管一年后要离开，但常妈总把班级孩子当自家孩子看待，深得孩子们喜欢，大家给她的颁奖词是这样写的：

> 亲爱的常妈：
> 见您总是笑呵呵的，班级大事小事，您都亲力亲为，永远关心着我们。炎炎夏日，您出钱请我们吃冰淇淋解暑；酷暑难耐，您顶着烈日为我们解决搬冰的事情。当看着我们认真读书的样子，您笑了，您灿烂的笑容温暖了我们的心窝。在此，恭喜您荣获本学年度"创实好爸妈奖"！我们想对您说："常妈，谢谢您，您辛苦了！我们都爱您呦！"

常妈说，自己只有小学文化，以前也没拿到过奖状，这是第一张，孩子们写的颁奖词很是喜欢，再接再厉，班级有什么事一定全力以赴完成。常妈还说，以前觉得儿子要努力，现在觉得自己也应该不断努力，这样才能把孩子教得更好。

获奖的朵妈，因为一家人都回温州了，所以孩子们无法亲自送奖状。朵妈是班级的大管家，班级有困难找朵妈，她都帮孩子们安排好、策划好、落实好，看一看孩子们写给朵妈的颁奖词：

亲爱的朵妈：

您温柔又美丽，感谢您无私地为我们创实班所做的一切，您就是创实班"最美大管家"。班级活动有您忙碌的身影，策划、号召、组织、落实，因为有您班级拥有了很多美好的回忆，我们拥有了很多开心的时刻。在此，恭喜您荣获本学年度"创实好爸妈奖"的称号。最后，我们想对您说："朵妈，谢谢您，您辛苦了！创实大家庭有您，真好！"

孩子们很想朵妈，所以把要说的话拍了一段视频传给她。朵妈回复："特别感动，哭了，感谢这些孩子。"朵妈把这段视频晒在了朋友圈，还给我打了电话，再一次表达她的感动和幸福。

除了朵妈、豪妈、周妈、常妈，班级还有一群优秀的家长，每学期结束，邀请孩子们来给家长写一写颁奖词，让孩子们看到家长为班级的付出，培养孩子们感受爱、表达爱的能力；也让家长感受到付出的价值，感受到来自集体的温暖。

还有值得高兴的是，这次见面的周爸和江爸都说，下次班级活动也要积极参加，加入到组织队伍中来，班级爸爸圈逐步扩大，家校联合的力量将会越来越强大！

做一个弹性的沟通者

语言是一门艺术,沟通是一门学问,我们要学做一个弹性的沟通者,用正确的方式打开和孩子之间的亲子交往。

作为一名小学教师,与学生打交道已经26个年头,同时我也是一名家长,我的女儿今年16岁,可以说我生活中相处最多的就是孩子。

与不少家长见面,经常会和我聊起孩子成长的一些事,最让他们头疼的是,孩子越来越大,交流也越来越有障碍。

我曾经在班里做过亲子关系小调查,这是其中一题:

生活中家长跟你说的最多的一句话是什么?你喜欢或不喜欢的理由是什么?

我们班家长说得最多的三句话分别是:

快去做作业!
你不是为了爸爸妈妈读书。
谁谁谁很优秀。

我们来听一下孩子们的感受:

不喜欢，一张口就是作业、读书，听得耳朵都生茧了。

不喜欢，什么事情都说为了我，很假！

不喜欢，总拿别人家的孩子来激励我，让我很有挫败感。

此刻，家长们心里或许存在疑惑：那么与孩子相处，怎么说他们才会喜欢听呢？都说高明的沟通就像打太极，进退自如，刚柔并济。换言之，家长也要学做一个有弹性的沟通者，出招不可急，不可直，不可硬，让孩子感受到您的信任、您的爱意，从而打通亲子关系，滋养孩子健康成长！

如何学做弹性的沟通者？

这是曾经我和女儿的一则对话：

孩子：妈妈，这次测试我考得不好。

妈妈：你哪一次考好了？整天就想着玩！

大家看问题出在哪里？我的回答只是单纯地发泄自己不满的情绪罢了，没有给予任何安慰和帮助。久而久之，孩子就不愿意来交流，甚至还会疏远亲子关系。

沟通陷入僵局，有时候就是因为我们不自觉带上了情绪。例如，这三个字的表达"你怎么……"，这样的回应就带有自己的情绪，语气中含有指责、埋怨。如果我们换成这三个字"你可以……"，请家长们读读上面的句子，这样的回应指向启发引导，语气中带有鼓励，信任。

弹性的沟通，首先我们要明白沟通的目的，不是为了发泄情绪，而是能给予孩子一些实在的关怀和帮助，或是情绪上的安抚，或是方法上的指导。

我们再来看一组亲子对话：

孩子一脸喜悦地说："妈妈，我今天听写得了100分。"

妈妈："班里100分多吗？"

孩子："有十多个。"

妈妈微露不屑神色："这么多100分，也没啥稀奇的。"

孩子一开始兴高采烈和妈妈来交流，然而妈妈的两句话直接把他打入了冷宫。如果，我们换种方式这样来回应："儿子，真为你高兴，这是你自己付出了努力换来的。"分享了他的开心，认可他的努力，把话说到他的心坎上，孩子听了感受就会不一样。

把话说到心坎上，还需要我们改变命令式的口吻。"你快去做作业！""快去睡觉！"我们可以这样来表达："孩子，早点完成作业，你就有更多时间做喜欢的事情了。""孩子早点休息，明天精神好，心情自然更好。"这样您的孩子是不是会更容易接受呢？

所以，亲爱的家长们，弹性的沟通一定是基于孩子的情感，站在孩子的角度，替他着想，把话说到他的心坎上，让他感到温暖。

大家相信吗？语言是有魔力的，不同的语言会对人产生不同的作用。大家看两组语言：

"你很努力""你的潜力很大"

"你真笨""你不行"

正面的语言赋予孩子一种美好的体验，能塑造孩子一种正向的积极思维，引导孩子往好的方面看，培养的是一种积极向上的心态，能让孩子看到一个更好的自己；而负面的语言说多了，不但会侵蚀孩子的自信，还会消耗亲子之间的友好关系。

所以日常和孩子交流我们要经常使用正面的语言，启动孩子正向的力量。我们可以这么做：

反话正说。当你看到孩子有不好的表现时，朝着你希望的样子引导，如"不要跑"改说成"慢慢走"；

"字写得那么差"改说成"字可以写端正"；

"你真够懒的"改说成"勤快一点，争取把事情早点做完"。

多用正面积极的语言，带动孩子正向的行为。

语言是一门艺术，沟通是一门学问，我们要学做一个弹性的沟通者，用正确的方式打开和孩子之间的亲子交往。和谐融洽的亲子关系是孩子成长最有力的助推器，也是您送给孩子最好的成长礼物！

发挥"家长集体"的力量

无疑当家长们把班级的事当成自家的事纷纷出谋划策的时候,班集体建设的合力就开始强大。

一

"家长集体"这个概念,我是在苏霍姆林斯基的书中读到的。

"集体"不同于"群体",群体是自然形成的单位,每个班都有一个家长群体;而集体是在群体基础上发展起来的,有共同的目标,有共同的价值取向,且有一定的组织形式。就像班级与班集体的关系,家长集体也是家长群体发展的一种高级形式。

现实教学中尽管很多学校都开展了家校工作,如定期召开家长会、成立家委会、进行家访,但是总体来说都未建立家长集体。有什么原因呢?

第一,家长们平时交集比较少,相互不了解,又不在一个地方工作,家长集体不可能直接成立于某个单位中,这点可以归结为受时空限制;

第二,每位家长最关心的是自己孩子的分数,自己孩子在学校的表现,而对其他有关班级或是学校意义的工作并没有过多兴趣,说明群体中个体的目标不一致。

基于这两方面原因,形成家长集体是一件需要付出很多努力的事。当家长集体和学校集体有统一目标的时候,就汇成了一股强有力的教育合力,促进学生健康全面向着更好的自己发展。

二

家校合作是班主任工作的一项重要内容，当了20多年班主任，我的感触越来越深。近些年借力家长建设班集体，我得出一点：一个班级只有一个班主任，单枪匹马远远是不够的，但背后有N位家长，若形成家长集体合力建设班集体，就会拥有广泛的教育资源，形成强大的教育气场。

上届孩子四年级时，班级举行了一次较大规模的集体生日会，家长和孩子说一生都难忘。活动之所以令人印象深刻，是因为前期做了大量的准备工作，布置教室，录制视频，设计蛋糕，搬运道具，这些都离不开家长的参与。

记得当时在外面借了一辆摆放蛋糕的推车，碰到了一个难题：普通汽车无法把它运到学校阶梯教室。家长们在群里纷纷想办法出力：有家长说，汽车装不下我去借一辆皮卡车；也有家长说，皮卡车借不到我就蹬三轮车去装；更令我感动的是有位家长家里开公司，说，要不我让司机把集装箱车开过来，反正下午不出车。无疑当家长们把班级的事当成自家的事纷纷出谋划策的时候，班集体建设的合力就开始强大。

班级开设的"创实爸妈小课堂"，家长们积极主动报名来上课，"交通安全""花卉养殖""青春期生理心理健康"等，孩子们享受到了学校里没有的课程知识，家长也很开心，说："俞老师，你给了我走进课堂给孩子们上课的机会。"班级群中，其他家长纷纷给这些来上课的家长点赞并感谢他们的用心付出。双休日家长们会自发组织各种社会实践活动，野餐、野营、做公益事业等，个别家长抽不开身就委托参与的家长。

就是在这样的一次次组织中，家长们在集体中找到了归属感，他们常自夸："成为创实班的一员，孩子荣幸，家长也荣幸。"集体有了这样的氛围，开展各种活动家长们都倾力支持，积极响应。

上学期初我提议暑期开展"青川联谊行"活动，赴青川与手拉手小伙伴真实地见一面。活动设想有点大，对我来说这是20多年教书生涯的第一次。我的设想得到了家长们的一致赞同，他们认为很有意义，借用他们的力量组织起来。

活动前期，家长们一次次聚在一起商讨活动方案，规划出行路线，考虑安全因素，开展活动安排，方方面面尽可能考虑周全；活动过程中每一位家长自主承担起职责，领队负责全面工作，组织委员协调各方联系，后勤部门保障外出生活用品。是在这样相互合作，共同努力下，远赴青川行活动的质量超出了大家的预期效果，发挥了多方面德育效应。

更有意思的是，在活动中家长之间也建立起了深厚的情谊。有位爸爸说："我从来都没想到，原来家长在一起可以相处得这么愉快。"其实，家长之间年龄相仿，在探讨教育子女方面有共同话题，很容易成为朋友。青川行活动回来，家长们相互联系得更频繁，参与活动的家长也越来越多，家长集体的圈子像滚雪球一样越来越大。有家长开玩笑把我们创实班称为创实集团，他们命名了董事会，安排了各条线的分工，还说要把创实集团推上市。虽然是玩笑话，但无疑也看到家长已融入集体中来了。

从苏霍姆林斯基的书中得到启示，家校合作要重视"家长集体"的作用，发挥"家长集体"的力量，让"家长集体"在班集体中积极地、富有创造性地存在着和活动着，共同来促进班集体的成长和发展。

第六章

我们的教室是会长大的

我有一个愿望,那就是带着孩子一起感受世界的美好。

把班级交给孩子打理

孩子们学会自我管理，班主任操心的事自然减少很多。

班级工作繁、杂，班主任应该怎么处理，让自己变得轻松一些？

我是个偷懒型的班主任，我的做法是，把班级交给孩子打理，培养孩子的自主精神，让他们自主管理班级，自主管理学习，自主管理生活。孩子们学会自我管理，班主任操心的事自然减少很多，我在班里主要做了3件事：

一种自我管理的模式

"基于代币制的小组合作竞赛"制度，这是班级学生自我管理的基本形态，在班里已经践行了近10年，实施了3届孩子，目的在于激发学生的自主意识、团队意识，促进他们的自主发展。

运作的方法是把全班学生分成"能力均衡"的4个小组，倡导组内合作，开展组间竞争，建立了一套"代币制"评价方法，促进小组、个体共同成长。

具体借助这"四个一"来运作：

一份代币制兑换值，就是加分制度，由孩子们商讨决定；

一张组长登记表，随时记录组员的加减分情况；

一节小队总结课，每周班队课各小队根据登记表的情况开展一次小队一周表现总结；

一块小队PK台，挂在教室后墙，黄色星星上记录的是一周小队的得分，一周冠军小队奖励一面小红旗。累积三面红旗整个小队奖励一次，一学期黄星上得分最多的评为学期总冠军，设大奖，分层驱动，激发每位孩子的成长潜能。

这一制度倡导的是合作和竞争的精神，合作的意义在于培养团队精神；竞争的意义在于激励，获得前进动力。当两者和谐统一于班级管理中，则共同促进，达到双赢。

一说到加减分很多老师都很敏感，孩子会不会变得很功利，到最后是不是为了加分而加分？这就要看您怎么用它了，如果把它当作功利的手段使用，随意加减，它会失去动力效应。如果班级形成一套相对合理、稳定的加减分制度，进入一定的轨道正常运行，它就会发挥正面积极的效应。

两支班级管理的团队

我们班级没有正班长、副班长、学习委员之类的称呼。班干部分两条线管理：

1. 队长引领小队成长。"小组合作竞赛"管理模式下有4个小队，每个小队有两位队长引领，这两位队长就像一个部落的领衔人，全权负责组内事情。班级要做的很多事情我先分配给队长，由队长在小组中协调安排落实完成。如，学校每学期两次出黑板报任务，我就交给队长，两小队完成一次，小队和小队之间展开合作。当孩子为班级所做的事情越多，他们的能力就会越强，越能感受到自我的存在感，体会到自我的价值，从而激发他们积极向上的生命状态。

2. 值日班长轮流管理班级日常。我们班级一天有两个小班长——纪律班长、卫生班长，这两位班长必须明确每个时段自己的职责，有分工有合作，彰显管理成果，具体职责如下：

创实值日班长职责一览表

时段	纪律班长职责	卫生班长职责
早读	写上早读任务，领读	教室内外做一次检查
早读下课	口令：请大家上交作业，组长收齐	
上午时段	上课组织快速安静；课间管理好教室内外秩序	下课提醒擦黑板，巡逻教室卫生
午间	11:40分准时进教室组织静心阅读	11:25分组织值日组打扫教室
下午时段	上课组织快速安静；课间管理好教室内外秩序	下课提醒擦黑板，巡逻教室卫生
放学时段	口令：请大家整理好书包，弯腰检查地面卫生，把凳子推进，门口排队	教室内外做一次检查

两支团队，一支引领小队成长，一支管理班级日常。

三分创实岗位责任田

把日常班级事务细化成块，每一块由孩子来承包自己的一亩三分田。具体分两步操作：

第一步，根据班情需求，设立岗位，明确职责，学生自由上台应聘。

创实班岗位一览表

岗位名称	职责	服务创实币
讲台桌管理员	管理教室前三排桌子，每天中午擦一遍，上午、下午整理一遍	一个月10分创实币
玻璃窗管理员	每天中午擦一遍窗台，玻璃窗脏了及时用报纸或餐巾纸擦干净	一个月10分创实币
墙砖管理员	每天中午教室内、教室外墙砖擦一遍，整理好伞架	一个月10分创实币
生物角管理员	每天中午擦一遍生物角，摆放整齐	一个月10分创实币
图书角管理员	每天中午擦一遍图书角，整理好图书，归类摆放，摆放有次序	一个月10分创实币
黑板管理员	每节下课擦好黑板，不留痕迹；负责好电脑、投影仪的开关	一个月10分创实币
电灯电扇管理员	负责开关，离开教室都要关掉	一个月5分创实币
公共场地管理员	每天中午检查一遍，周二、周五作业整理课前再检查一遍	一个月10分创实币

第二步，确定岗位管理人员，职责是把孩子的照片和管理内容张贴在墙上，这对孩子来说既是一种荣誉的象征，同时也接受大家的监督和评价。若是没有履行起应尽的职责，会面临下岗的危机。

岗位制要求服务意识落实，职责落实，奖励机制落实，让一小部分孩子开始"富"起来，从而带动更多的孩子，树立班级"我为人人，人人为我"的服务理念。

培养学生自主管理的过程，班主任不能只给任务，只提要求。班主任要明确自身的本位——学生自主发展平台搭建过程中的合作者和指导者。学生的成长过程以及班级的自主发展过程，应该伴随着班主任对学生的尊重、信任、鼓励、支持。班主任要做学生自主发展的幕后工作者！

游戏也有规则

孩子必须明白：自己种的善果自己尝，自己种的苦果自己吞，自己对自己的言行担责。

昨天下午放学，我正准备整理东西离开办公室，男生小Z一脸委屈地进来，跟我诉说，下午活动课自己无缘无故被女生小Q打了一巴掌。我内心一惊，赶紧问怎么回事。孩子在抽泣中描述了事件的缘由：一群女同学在玩"真心话大冒险"游戏，抽到谁就要听从做一件事。小Q在同伴唆使下，走到围观的小Z面前，撩起手就打了他一巴掌。小Z跟她们生气，她们说是在玩游戏。

小Q在班里属于礼貌懂事的，个性委婉内向，而发令指使做这件事的是我最信任能干的班长，这两位平时在我眼里都是乖乖女，怎么会发生这样一幕？小Z的描述真实吗？安抚好小Z的情绪，我带着一份沉重出了校门。

第二天早上，我调查了这件事，两位女同学一点都没隐瞒，与Z同学描述得一模一样。从不惹事的这两位女孩怎么会分辨不清自己的行为，出现欺凌性行为呢？听她俩阐述事件过程中多次强调了一句话：因为我们是在玩游戏。

孩子之间产生矛盾纠纷有一类属于玩出来的，雷同的陈述词："我不是故意的，我是跟他闹着玩的。"孩子的这种说法，我暂且称之为一种"游戏思想"。孩子在玩游戏期间，潜意识把"游戏"或者"玩"当作了一顶保护伞，在这顶保护伞的庇护下产生某些不良的行为。这些行为表面看起来是孩子的调皮，不懂事，玩过了头，其实背后折射出来的是孩子在人际交往中"边界意识"的缺失。如果没有及时让他们认识到，没有及时加以引导，可能会发酵，玩得更加过火。

"游戏思想"牵引出来的，孩子在人际交往中存在的边界意识问题，我大致归纳了一下：

1. "他人意识"薄弱

如果我们仔细去琢磨"我们在玩游戏""我是跟他开玩笑的"此类的说辞，会发现孩子在考虑问题的时候都是以自我角色为主，站在自己的角度，认为我们在玩游戏，周围人也应该置身于游戏中，配合着他们的节奏。与案例中的两位女孩子谈话时，我问她们："如果你是Z同学，无缘无故挨同学一巴掌，你会有什么感受？"两位同学的表情很诧异，看得出她们原先想的只有自己——这样玩挺有意思，根本没去体会别人的感受。顿了片刻，不好意思回答："很难受，很委屈。"如果这件事没有及时处理，她们可能压根都不会去想自己的行为对别人已经造成了伤害。

2. 缺少"个人主见"

以上述事件为例，下面呈现的是我与动手打人的Q同学的一段对话：

我：这件事你错在哪里？

Q同学：不该动手打同学。

我：动手打人错其一，还犯了一个更大的错误！

她低下头使劲想了想，然后抿着嘴唇摇了摇头，一脸茫然看着我。

我：你明知道打人不对，还真下得了手？

她很快接上：是班长让我这么做的！

"是班长让我这么做的！""是他先说的！""是他想出来的！"此类的说辞，我们在处理学生交往纠纷的时候经常会听到。表面看起来，是孩子们在推脱责任，但背后暴露的是他们"个人主见"的缺失，他们忽略了自己是独立的个体，是有思想的，是有判断能力的，是有行为支配权利的，不是机器人，并不受别人意愿的摆布和控制。自己的言行传达的应该是自己的心声，自己才是自己的主人！

3. 不懂"尊重规则"

小孩子爱玩游戏，喜欢置身于游戏的情境中。但是在孩子的"游戏思想"中，游戏就是有趣的代名词，怎么有趣怎么玩，似乎可以遗忘该遵守的规则。比如，课间或课外活动孩子自发组织游戏活动，刚开始一群人玩得很嗨，一段时间后有孩子来报告："老师，某某同学输了就骂人。""老师，某某同学开始捣乱影响我们。"有些孩子就是因为忽略了"玩"也是有规则的，致使游戏期间闹出很多不愉快。上述案例也一样，两位女同学置身在游戏的情境中，把欺负旁边的男生也当成了有意思的一项游戏内容，没有了游戏的边界，玩出了问题。

三方面问题牵涉的是孩子人际交往中"他人界限""自我界限"和"规则界限"的缺失。准确的边界意识，是孩子建立良好人际交往关系的基础，也是班级、学校开展集体活动的秩序保障。培养孩子的边界意识，就是增长为人处世的智慧。上述案例的后续处理，我主要借三句话，讲清三层意思，帮助孩子树立人际交往的边界意识，更好地与同伴开展交往。

"我是我，他是他。"这一句旨在让孩子明白，人和人相处虽然有交集，但是每个人都是独立的个体，必须相互尊重独立的存在，保持舒服的距离。如今的孩子祖辈疼，父母爱，集万千宠爱于一身，常错误地认为"我的是我的，他的也是我的"。提高孩子人际交往能力的首要条件，就是要让他们有清醒的认识"我是我，他是他"。不管关系如何亲密，都是有界限的。我们每个人在相处交往中，首先要懂得尊重他人，做到言语不伤害人，行为不干扰人，顾及别人的感受。你尊重他人，才能得到他人对你的尊重，如此才能构建和谐的交往关系。其次，在群体中要自觉遵守规则，任何活动都建立在规则之上，尊重规则亦是尊重他人，这是我们在群体活动中应该展现的个人素养。

"如果我是他……"教给孩子这一句式，旨在让孩子学会与人相处多站在对方的角度去思考问题，将心比心，才会理解他人的感受，理解规则的重要。案例中一开始两位女生还觉得男生小气，闹着玩还要报告老师。当我让她俩用"如果我是他……"表达Z同学当时的感受,她俩才体会到对方的委屈。站在不同的角度观察事物,看到的不一样;站在不同的角度经历一件事,感受也会不一样。日常交往,经常换位思考,明白"己所不欲勿施于人"的道理,很多行为就不会越界,同学间的很多矛盾纠纷也能戛然而止,更利于创设安全友好的交往氛围。

"我怎么与他和解?"这是谈话尾声我抛给两位女生的一个问题,旨在让孩子自己思考:接下去如何把事情处理好,为自己越界的行为买单。若是碰到麻烦事,家长出面包办解决,老师帮忙替代解围,孩子是掂量不到"后果自负"这个词的分量的。这件事最后的处理,我不参与只观望,让两位女生自己找小Z道歉,Z同学若接受道歉事情就了结,若不接受需再去想办法。孩子必须明白:自己种的善果自己尝,自己种的苦果自己吞,自己对自己的言行担责。这不仅是对孩子自我意识的培养,同时也锻炼她们处理事情、解决事情的能力。

缺乏边界意识是孩子在人际交往中存在的共性问题,在上述案例平息后,班级开设了一节相应主题的班会课,班会课上在孩子们的提议下班级成立了"游戏行为审核组",同学交往中若出现越界行为,造成他人身心伤害,审核组将开展调查评议教育,以此来规范每位孩子的言行,共同营建班级文明友好、安全和谐的交际环境!

当班级出现负性事件

孩子成长，对每个家庭来说都是第一大事。

上周班级发生了一件男同学欺负女同学的事件，这属于班级群体中的负性事件。负性事件传递的是负性能量，比如，这起打人事件传递的是以强欺弱、以大欺小、同学关系不和谐等。负性事件产生的负性能量如果不及时排解，一旦郁结，就会影响班级的整体风貌，就会干扰学生的正确认知，就会影响孩子与集体的美好情感链接。所以，班级要警惕负性事件的发生！

但是，现实是每个班级都不可避免发生类似的事情，一群孩子生活在一起，难免出现磕磕绊绊之事，如孩子之间产生矛盾，教室里丢失了物品，给同学、老师取绰号等，这些"班级负性剧情"大多数班级可能都上演过。

如何处理班级负性事件，消解由此带来的负性影响？这是班主任在带班过程中需要思考探索的话题。笔者就以班级发生的"打人事件"为例，谈点浅显的思考和做法。

首先，清楚事态，判断性质。班级出现负性事件，有偶然和必然之分，偶发性负性事件，就是凑巧发生了，这个时候班主任重视，可以把刚冒出来的不良苗头消灭在萌芽状态之中；必然性负性事件则是问题在班级中存在已久，只是班主任刚发现而已，这种情况班主任更应该重视，采取系列措施，把问题因子连根拔起，才能遏制它的蔓延侵蚀。

学生来报告打人事件后，我第一时间先做了解。听了旁观者的描述，听了两位当事人的讲述,两位同学没有陈年旧账,这位女生本身就文静,午间大家开玩笑的时候,用手指了L同学,惹得L同学不高兴,友谊的小船说翻就翻,打了女同学,还用绳子甩女同学的脸。突发事件了解清楚后,我又向周围孩子询问打听L同学日常的行为表现,大家对他的印象很好,憨态可掬,乐于助人,以前也没有发生过类似不愉快事件。这次L同学打人大错,但并不属于孩子思想本质或是行为习惯的问题。

其次,多方赋能,以正驱邪。负性事件,不管是偶发性还是必然性,散发的都是负性能量,只是程度不同而已,它所引发的是人消极的情绪体验,令人不愉快,甚至受到心灵伤害。面对负性事件,班主任要化身成正能量的使者,去抚平由此引起的心灵褶皱。以上述事件为例,我在处理过程中主要做了以下三方面工作:

1. 集体谈话,正向交流

事情发生后,除了关心安慰被打女生,还要关注事件对班集体的影响,负性事件本身就是对集体形象的一次伤害,而班级形象又直接影响着每个学生对它的感情,所以为了赢取班级的正向舆论导向,我组织开展了一次集体谈话。

集体谈话的内容,我规避了批评打人行为,因为"打人犯错"的道理孩子都懂,负性的内容不在集体中强化,而是换个角度让学生谈谈事件给予我们的启迪。孩子们讲得很好,有说到:"男同学要学会保护女同学,真正的男子汉、勇士都会保护好自己身边的人。"也有说到:"六年同学友谊来之不易,应该学会彼此珍惜,友好相待。"负性事件正向交流,这样的交流方式在情感体验上孩子容易接受,也能让他们感受到来自集体的温暖,获得正面力量,赢取集体自信。

2. 借助视频,正向引导

负性事件折射的是班级、学生某方面出现了问题,这就有必要加以引导,提升孩子的认知。打人事件折射出来的是孩子交往中的障碍——边界意识模糊,这不仅仅是L同学暴露出来的问题,也是不少孩子认识上的欠缺。

对于小学生来说，直观形象的教育胜于老师单纯的口头说教，所以我从网上下载了"人际交往"系列的法治小视频给孩子们观看，从法律的角度较为专业地引导孩子正确开展人际交往，例如，尊重他人，不侵害他人权益；学会自我保护，当受到人身攻击的时候要勇敢说"不"等。视频内容专题性强，有权威性，孩子们观看后印象深刻，认识加深了，自然也会准确辨析自我言行，自觉遵守人际交往的法则。

3. 家校合力，正向共育

家长是孩子的第一教育责任人，孩子在学校有不恰当的行为表现，家长理应了解，这不是"告状"，而是引起家长的及时关注和重视，家校联合实施教育才能收到良好效果。

与L家长打电话，我向她表达了联系的意图："孩子打人，这事看起来可大可小，若只把它当成小孩子的顽皮打闹简单批评，怕孩子对'打人行为'反思不够，今后可能还会反复出现，这对孩子将来的成长很不利。"孩子成长，对每个家庭来说都是第一大事，L家长非常重视，下班后又赶到学校，与我做了一次深入沟通。孩子出现突发性打人行为，家长反思自己的教育有差错，曾经雷同的场景出手打过孩子。家长表示，回家会批评教育，也会改进自己的教育方法。

班级出现负性事件，确是班主任头疼之事，需花很多时间和精力去处理，但也是在一次次与它的斗智斗勇中总结方法，累积经验，不断成长起来！

课堂改变，班级就会改变

> 润泽的教室能让大家都安下心，轻松地构筑着人与人之间基本的信赖关系。

阅读佐藤学的《静悄悄的革命》，封面上有这样一句话：课堂改变，学校就会改变。我作为班主任想到了：课堂改变，班级就会改变；或者说班级改变，课堂也会随之改变。课堂的生态和班级的生态息息相关。

那么怎样的班级生态，会促进课堂的生长？书中提到了一个词——润泽教室。在作者眼里，润泽的教室能让大家都安下心，轻松地构筑着人与人之间基本的信赖关系。

这其实和我理想中的教室生态不谋而合。在这样的教室中，每个孩子都能用自己的语言坦率地表达自己的喜怒哀乐，即使拿不出自己的意见来，耸耸肩膀，每个人的存在都能够得到大家自觉地尊重。这样的教室，它温暖而生动，它和谐而上进。在这样一间教室里，每一位孩子和老师都能找到归属感、存在感，唤醒内心向上成长的欲望。

那么这样美好的班级生态，怎样努力去营造呢？在书中，我受到了三个关键词的启发。

倾听

现在的孩子喜欢说，教室里最不缺的就是说话声。转身写个板书都能听到窃窃私语的说话声，老师一出教室此起彼伏的声音就开始响起来。孩子们不光说的欲望强烈，而且自我中心意识也强，交流时经常打断别人的发言，急着表达自己的意见，与之暴露的则是倾听能力的薄弱，理解得一知半解，呈现的状态是心浮气躁，表现得特没有礼貌。

学会倾听是一种尊重，也是一种礼貌。平心静气听别人说，听懂别人的观点并加以思考整合，这是一种接纳，更是一种素养。所以，在教室里我们要营造一种倾听的文化。

作为老师要善于倾听孩子的表达，放下身段，耐着性子，听懂孩子的心声。书里举了一个玩棒球的例子：学生投球过来，你准确接住，孩子会很开心；若球投得差，你也能接住，孩子就会奋起投出更好的球。这就好比老师和学生之间的语言对应，接球能力就是倾听能力，老师倾听能力越强，本身就是一种很好的示范，而且会不断促进师生交流互动的质量。

要渗透倾听的重要性。可以用"聪"字来做文章：怎样的孩子最聪明？这个字左边是耳朵旁，右边最上面是两只眼睛，中间是一张口，下面是一个心，寓示着会用耳朵听，会用眼睛观察，会用嘴巴表达，会用心来记的孩子最聪明。哪部分占的位置最大？耳朵旁，说明学会用耳朵听最关键。经常性的渗透在于培养孩子的倾听意识。

指导孩子倾听的方法。听别人讲话时用眼睛看着说话人，不随便插嘴，安静地听他人把话说完。即使有不同意见也要等别人发言完毕再表达，听的时候要思考，要从中有所收获，一方面这是对他人的尊重，另一方面听完别人完整的观点有利于自己准确性地表达。

交往

人的社会性就是一切关系的总和。班级就是教师和学生，学生和学生，教师和家长，任课教师之间关系的总和。良好的班级生态就是建立在良好的人际交往关系之上。

书中讲到教学活动中师生、生生之间关系的时候，出现了两个新名词："量体裁衣"和"交响乐团"。所谓"量体裁衣"，就是给学生一一对应地"做衣服"，发现个别差异，因材施教。所谓"交响乐演奏"，是指个体与个体的相互交融，相互影响。

作者强调在以"学"为中心的教学活动中，教室要建立起"服装裁剪"和"交响乐团"式的交往形式，以这两种形式为中轴，去触发、组织、发展学生的学习。在教室里，要关注孩子之间的差异，不能把交往的目光总停留在好学生身上，给需要帮助的孩子一一对应"做衣服"的机会。在教室里，每一个学生的想法和头脑中的表象都相互碰撞，呼应起来的"交响乐团"式的互动，乃是教学活动最大的乐趣，也是人际交往最大的妙处之所在。

若是产生了关系融合的教室环境，教室里的每个学生都能独立思考，都能通过个体与个体的交融，发生微妙的变化，并在变化中逐步成长！

合作

佐藤学是"学习共同体"的倡导者。学习共同体是把一个人独自的活动变成一些人、一群人共同参与的活动，建立起"合作式"同事关系，相互合作，相互欣赏，相互引领，相互分享，最终达到共同发展之目的。

于一个班来说，它的成长和建设不是班主任一个人的事，也不是一群娃的事，而是需要多方合作，寻求班级成长的共同体，包括班主任、学生、任课教师、学生家长共同参与，共同助力，才能不断发展，成长起来。共同体中的每一份子都要把集体的事变成自己的事，共同承担发展责任。

建立班级成长共同体促进班集体建设，这一点我深有体会。以前带班总觉得是班主任一个人的事，不寻求合作，不寻求帮助，孤家寡人很难出成效。随着合作意识的加深，我认识到家校共育的重要性，与任课老师团结协作的重要性，一群人在一起才能形成强大的教育场。

回忆创实班的成长之路，得到了很多家长、同事的助力，日常开学季的大扫除，买班服，争当活动志愿者等，班级活动的开展如"集体生日会""青川联谊行""爸妈小课堂"等，都凝聚了大家共同的力量，才开出了一朵朵绚丽多彩的创实之花。

一张扣分单引发的

他看着我一脸委屈,默不作声。

每周学校大队部都会对孩子的仪表仪容、行为规范进行检查,检查不合格有问题,就会开出一张扣分单交给班主任。

一张扣分单,明示着这一周三项竞赛红旗没了;暗示着辛苦经营的班级出现了纰漏。所以班主任见扣分单的心情,如同司机见汽车上粘贴的违章罚单,心生怨气。

上周我们班级收到一张检查人员的扣分单——教室外走廊有纸屑。我当时想:平常孩子们的行为常规都比较自律,教室卫生也比较干净,偶尔一次,只作提醒。

没想到,这周第一天,进教室我又看到讲台上明晃晃地躺了一张扣分单——C同学没戴校徽。接连两周收到扣分单,这件事必须有所重视。

C同学平时整理能力并不强,属于拖拖拉拉、懒懒散散的性格。当我询问扣分情况是否属实时,他直直地看了看我,没否认但是并没表现出一丝的不好意思。我解读到的潜台词是,扣分就扣了吧,反正我不痛不痒。

当下我的大脑里闪过:若是孩子对于扣分无动于衷,扣分单就起不到警示作用,这张纸毫无教育意义。

于是临时决定追究他的责任,我说:"班级分数是大家的,你没遵守纪律给班级扣分了,应该向全班同学一个交代,写一份反思,向大家汇报哪里没有做好，以后该怎么做。"

当即，C同学脸上的表情就挂下来了，眉头紧蹙，看来承担"写反思"这一后果触动到他了。六年级的孩子能写清前因后果，但写毕竟要花时间精力，孩子不高兴了。

下课后，我坐在讲台前批改作业，C同学手里捏着一块红领巾过来找我，说："俞老师，我早上校徽戴了，别在红领巾里面，检查同学没有看清楚。"

"那你戴了，为什么当时没跟检查人员说清楚呀？"

他看着我一脸委屈，默不作声。

有些事追问也说不清楚，孩子自己的事抛给孩子自己去解决。我就跟他说："如果你是戴了，需要你自己跟检查同学去解释清楚。"这个任务对于个性内向、不善言辞的C同学来说，有一些难度。让我有些意外的是，午间他来向我汇报：俞老师，我已经跟那位检查同学解释清楚了，名字划掉了。

写这件事的目的，不是在于最后有没有划名字，而是让我想到了一个词——成事育人，这个词是在李伟教授的讲座中听到的。

从字面理解："成事"就是完成一件事；"育人"就是达到教育人的目的；"成事育人"意味着要把"成事""育人"两个过程、两个目的合二为一，完成一件事的过程中也使受教育的人得到发展。

联系上面事例，虽然是一件坏事——班级扣分了，但是这件事对C同学来说是有教育意义的，他在这件事中是得到成长的。

最直接的成长就是，对于从来不主动交流的他，完成了一次挑战。中午的时候我看到他胖胖的身影怯怯地在检查员教室外张望，他敢于独自一人到一间陌生的教室去找一个陌生的同学解决问题，对他来说这是一次胆量的挑战。他跟检查人员讲清楚，说服别人，这又是一次沟通表达的挑战。挑战的过程本身就是一次自我实现的成长。

而且经历了这样一次挑战，C同学以后对佩戴校徽这件事应该会长记性，整件事对他的触动后续也能帮他养成良好的佩戴、整理习惯。

  处理这件事，一开始并没有去思考"育人"的价值，事后觉得它让孩子完成了一次自我突破，就让这张原本消极的扣分单赋予了积极的意义。

  就像李教授在他的讲座中提到的，班级不仅是一个管理型组织，其本质是一种教育性组织，班级管理不是一般的事务性管理，其本质是一种教育活动。

  育人才是班级管理的终极目标。所以，处理班级事务，进行个别教育，都要把"成事育人"作为工作的核心取向。

一个孩子的进步让一群孩子看到希望

每个孩子身上都有光,每个孩子的未来都有希望!

期中考试结束,语文附加分20分,我们班最好的分数16分,而且只有一个16分,获得最高分的不是我们班学霸,也不是优等生,而是平常语文成绩濒临及格线的W同学。

W同学居然夺冠,在所有人意料之外,又似乎在情理之中。

为什么说在意料之外?

这个孩子不会工整书写。五年级认识他,上交的作业每个字在格子线上狂魔乱舞,而且十个字中有八个半,都是缺胳膊少腿的错别字。一开始,我以为是他学习态度差导致的,有一天留他下来补作业,我就站在他课桌边,陪着他做作业,我才发现他在作业本上不是写字,而是在画字,照课本上的字依葫芦画瓢,没有笔画概念,没有结构概念,怪不得字写不正,也写不对。所以,做作业对他来说也是一件费劲且痛苦的事。

这个孩子上课坐不住。五六年级的孩子,理应知道课堂规则,不能随意做小动作,更不能随意离开座位。而他在课堂上安静下来的时候很少,小则手动,一会儿玩笔,一会儿玩橡皮,大则随意走动,一会儿去拿书本,一会儿去拿作业本,若不允许他去拿,上课他就没有学习用书(这一现象六年级减少了)。

这个孩子课间、午间基本都不在教室里,作业本交不上常有,每周班级小结违反纪律次数高居榜首。孩子爸爸发微信跟我说:"俞老师,孩子不会读书,在学校给班级添了不少麻烦，我也不好意思和你联系。"家长的苦心和无奈，我能懂。

他的夺冠，为什么又在情理之中呢？

这孩子最大的特点——爱看书。他整个人静下来的时候，一定是在阅读；他最专注的时候，也一定是在阅读。课间走廊上，运动会热闹的操场上，他随时随处都能开展阅读，坐着，蹲着，站着，他阅读的样子让人明白一个道理——真正爱看书的人并不挑阅读的环境。他什么书都看，学校阅览室借来的书，我从家里带来的《读者》《青年文摘》《作文选刊》，他都是最忠实的借阅者。

这孩子还有一个亮点——敢于表达，敢于说真话。高年级很多孩子课堂上都不敢举手，不敢表达，担心说错，害怕尴尬。W同学课堂上集中注意力的时间并不长，但凡他在听课，必会积极举手，参与互动，他的表达有自己的想法，不遮不掩，真实流露。

这样一个孩子，因为成绩不够好，行为上跟不上大家的节奏，所以一直以来在大家眼里，W同学属于困难生，跟大家差了一大截。但是这次期中考试在附加题这块，他却赢得了班级的最高分。不在意料之中的事，总能给见证者带来很多的感触。

语文课上，我举行了一个简单的仪式，邀请W同学到讲台前，接受所有孩子的祝贺，对W孩子来说，这是值得为自己开心，为自己骄傲的一刻。这样一刻，不单单W同学值得珍藏，对其他孩子同样有启示，有鼓舞。

我问孩子们：W同学一举夺魁，我们作为见证者，大家有什么感受吗？想发言的孩子很多：

有孩子说，阅读很重要。W同学喜欢看书，他喜欢看各种各样的书，从书中积累了丰富的知识，这是他考取最高分的秘诀。

有孩子说，每个人都有缺点，也都有自己闪光的一面。W同学虽然平时不够自律，成绩也不够好，但是他也有自己的特长，你看这次在课外知识比拼中他遥遥领先。

有孩子说，每个人的潜力都是无穷的，即使过去不优秀，现在不优秀，不一定以后就不优秀，所以任何时候我们都不要放弃自己，说不定就会看到自己的进步。

……

孩子们感悟的这些道理，都是我们想苦口婆心教给他们的。W同学受表扬的一刻，也给所有孩子上了励志的一课。

每个孩子身上都有光，每个孩子的未来都有希望！

向真向善向美

教育就是引导孩子向真向善向美的过程!

早上走进办公室,鲍老师跟我交流了她班上的一件事:

昨天下午丁学生去参加英语剧表演,回来发现放在课桌上的眼镜不见了,问了周围的同学也都说没看见。鲍老师分析是有孩子故意拿了,因为以前也出现过类似丢东西的现象。

第一节课,我走进教室,彭赫哭丧着脸来找我:"俞老师,我昨天下午去参加语文竞赛,回来后发现放在桌上的美术用品不见了,我问过很多同学都说没看见过。"

两件事都是在教室内丢失物品,都是好端端放在课桌上回来发现不见了。我当时这样处理的:

"孩子们,有件事要请大家帮忙,彭赫昨天去参加语文竞赛,回来发现放在课桌上的美术工具找不到了,她很着急,很难过。我很能理解她丢失物品的心情。东西在班里不见的,我们有孩子肯定见过,说不定是你误拿了她的东西,也可能是你想帮她代为管理一下。若你能给她提供一些线索,彭赫会非常感谢你的。"

很庆幸看到有孩子举手。王同学站起来汇报:"俞老师,昨天我在书包柜旁边捡到了一个尼龙袋里面是宣纸,还有一盒颜料。"

"捡到的东西你放在哪儿?让彭赫看一下是不是她的。"

王同学从自己的书包柜里取出来,正是彭赫的。但还少了两支毛笔。

这时候坐在彭赫前面的屈同学举手站起来了:"俞老师,昨天我在地上捡到一支大毛笔,我也不知道是彭赫的,昨晚拿回家了,我明天带过来。"

彭赫说,还少了一支小号笔。

过了一会儿,坐在角落的林同学举手站起来:"我昨天也捡到一支小号毛笔,昨晚也带回家了,明天带回来还给彭赫。"

彭赫丢失的美术工具都找回来了,同时暴露出班级存在的一现象:一些孩子捡到东西都各自拿回家,没有上交或是寻找失主。

我当时先表扬了三位同学,主动捡起同学掉在地上的物品并积极地保管好。而后我问孩子们:这3位同学捡到东西后怎么做彭赫不用着急,我们也不用浪费上课的时间?

有孩子回答:"捡到东西要告诉老师,要上交。"

也有孩子说:"捡到东西在全班同学面前问一下,谁丢了。"

我提供了第三种答案:"捡到后先问一下周围同学,再问全班同学。"

我问孩子们,你选第几种做法。基本都选择了第三种,理由是捡到东西后目标是找到失主,所以用不着报告老师。捡到东西一般失主就在附近,所以不用先惊动全班所有同学。

我肯定孩子们的说法,并且再次强调每个孩子首先要学会保管自己的物品,课桌内外整理得干干净净有条有理,你的物品想"走"也舍不得"走"了。

第一节课后回到办公室与鲍老师交流刚才班级的一幕,鲍老师说,她们的眼镜也找到了,是孩子自己找到的,放在黑板后面,估计是有孩子恶作剧开玩笑。

班级发生丢失现象不是个例,很多班主任都头疼。发生丢失现象情况有多种,事件的性质也不同。如上述我们班的事例,孩子捡到就自己拿去了,属归还意识不强;鲍老师班属于开玩笑,恶作剧;也有故意拿别人物品的。

这三类分析下去,每一类还可分不同的情况。如第三类故意拿别人物品,有的出发点就是小孩子单纯的喜欢，因为喜欢忍不住占为己有；有的出发点是为了弥补自己内心的缺失，以获取别人的物品来求得内心的满足，这类孩子心理出问题了；有的是习惯，小偷小摸爱占小便宜，这类是意识上行为上出现了严重的问题。

  班里出现丢失现象，存在的问题不同，实施的教育方法、教育内容也都不同，但有一条原则相同：教育过程不伤害孩子，不发泄情绪，不挖苦孩子，不揭孩子伤疤。孩子暴露的不良行为背后都事出有因，有些原因我们可以帮助解决快速改正，但有些复杂的原因并非凭我们一次两次的教育就能解决，更需要家庭教育多方的介入。虽然是负性事件，但要坚持正面教育，正面引导，因为教育就是引导孩子向真向善向美的过程！

班级不仅是学习场所

如何委婉地、不着痕迹地给一些有价值的指点也是需要不断研究学习的。

回到办公室我就跟同事们说:"刚才与孩子们交谈了一番,我不知道自己教育得对不对?"因为就事论事来说,我觉得这样教育似乎向学生传递包庇、不诚实的信号,但是若从社会意义来说,刚才的教育也能冠以一个好听的名字叫"通权达变"。我跟办公室同事陈述了事情的经过:

大课间德育处杨主任带着一群小检查员来检查学生的个人卫生,其他小检查员都汇报我们班很干净,唯独我们班自己委派出去的小检查员向杨主任汇报:"杨老师,某某同学和某某同学手指甲不干净!"其实昨天我已预查过一遍,估计是我们班的小检查员相对比较严格。

检查结束后,孩子们对这件事也有所议论,我就问他们:"若你们是小检查员看到班里有同学个人卫生不干净,会怎么做?"孩子们举手,张同学站起来说:"我会单独提醒并督促那两个同学,这样既达到检查的目的,又不会给班级扣分。"许多同学点头认同。

我当时余光瞥到小检查员:小姑娘一脸茫然,眼里流露出一丝委屈。的确,她做得并没有错,身为检查员认真履行自己的职责。所以,我首先在同学们面前肯定了她的做法,实事求是对工作负责。但接着我说:"刚才张同学的处理办法更加不错,如果我们能在不影响检查目的的同时,兼顾同学的面子,维护班级的面子,这样处事就更两全其美了。"

我并不是在乎班级扣不扣分，况且做得不好是应该扣分。主要的出发点我认为班级除了是一个学习场所外，还是一个浓缩型的社会场所，应该教会孩子一些适应社会的处事能力。但是我不确定这样引导是否有教育意义，所以走到办公室就和同事商讨。

听完我的陈述，王纯朴老师马上跟我分享了她读过的一则案例。大致内容是这样的：学校规定孩子不许带零食，A孩子带了，B孩子知道后去老师那打了小报告。结果老师并没有夸B孩子，而是把B孩子训了一顿，并告诉孩子，我们不可以把自己的利益、荣誉建立在伤害别人之上。

王老师后续对案例的剖析，我认为很有参考的价值。以下是王老师对案例处理方式的分析，会带我们一些启发：

上述情形，老师简单地夸奖当然不妥，因为那会误导孩子之间恶意的告状，不利于孩子人际理念和能力的发展。而这个老师简单的批评又有不妥，而且生硬地进行所谓道德教育只会让学生不再告诉老师情况，不了解学生状况就失去了适时教育引导的机会。所以，老师适宜的具有教育意义的回应或许是：谢谢你告诉老师这个情况，你希望老师怎么做？如果孩子说批评那个同学，我们批评的目的是什么？是否还有不用批评也能达到教育目的的做法？如果你有时也做了不该做的事情，你希望被批评还是希望跟你好好说？

从王老师的分析中，我们看到，这位老师并没有直接评价B同学做得对与错，而是借用了同理心巧妙地引导孩子，自己去琢磨事情的处理方法，这比简单地告诉他"对""错"有意义得多。孩子的成长既表现在知识累积的增长，也表现在待人处事能力的提高，作为他们成长路上的其中一个引领者，如何委婉地、不着痕迹地给一些有价值的指点也是需要不断研究学习的。

自告奋勇的力量

培训第一个下午就是班级团建，即破冰行动。其中一项内容就是选班委，成立班级的组织结构。

我居然第一个毛遂自荐举手，说："我来竞选当文体委员。"站起来的时候，我随口表达了两条理由：①我虽然不太会唱歌，但我喜欢听歌，文娱类的活动让人放松；②平时大家都比较辛苦，偶尔组织一下文娱活动轻松轻松，我愿意为大家服务。

很多年都没有毛遂自荐的勇气了，为什么这次表现得那么积极？

我心里清楚，是班主任李教授不经意的一句话给了我自告奋勇的力量。选班委之前李教授在我旁边，对我说："等会儿组建班委，你要主动为这个班做点事哦。"

就因为记着这句话，第一个蹭地站了起来。

从李教授的这句话，我感受到了哪些积极的能量？

第一，她的信任。从班主任的角度，可能就是对学员的一句普通鼓励。但在我看来，让我竞选班委是对我的信任，她的信任给予了我一份自信。

第二，承担的责任。班主任说"你要主动为这个班级做点事哦"。这让我认为参选是在为班级做事，是尽自己的一份职责，应该主动站起来表个态。

事后，琢磨以上发生在自己身上的案例，有所启发。

也说竞选，班级中时常开展，到了高年级孩子表现内敛，有时会冷场，孩子们不敢或是不愿上台，气氛尴尬，更重要的是会影响接下去的工作。如何避免？我现在想想可以做这几点：

1. 提前暗示

竞选前几天，暗示班级中个别优秀的孩子，表达对他能力的赏识，暗示班级工作需要他。谈话的时候不能一对多，一定是一对一，这更能让孩子感受老师对他的重视、信任，帮助孩子建立自信。竞选的时候若是这几个孩子带头上来，小孩子有从众心理，其他孩子都会被带动，竞选的氛围就会形成，竞选活动才有意义。

2. 传递服务的理念

小孩子不敢上台，大都是因为潜意识认为优秀的人才能当班干部，怕自己不够优秀，上台被同学笑话。若是孩子们认可当班干部就是为班级服务，为同学服务，上台是为了争取给大家服务的机会，就会放下自认为不够优秀的包袱。而且抱着这样的理念竞选上岗的班干部更会尽心尽责做事，整个班级也会形成"我为人人，人人为我"的氛围。

3. 认识竞选意义

为什么竞选当班干部？不是为了显摆，而是为了让自己获得锻炼的机会，在给班级、同学服务的过程中，逐渐提高自己各方面的能力，让自己变得越来越优秀，这是要鼓励自己参与竞选的意义所在。竞选只代表我愿意努力，不代表我定要成功。

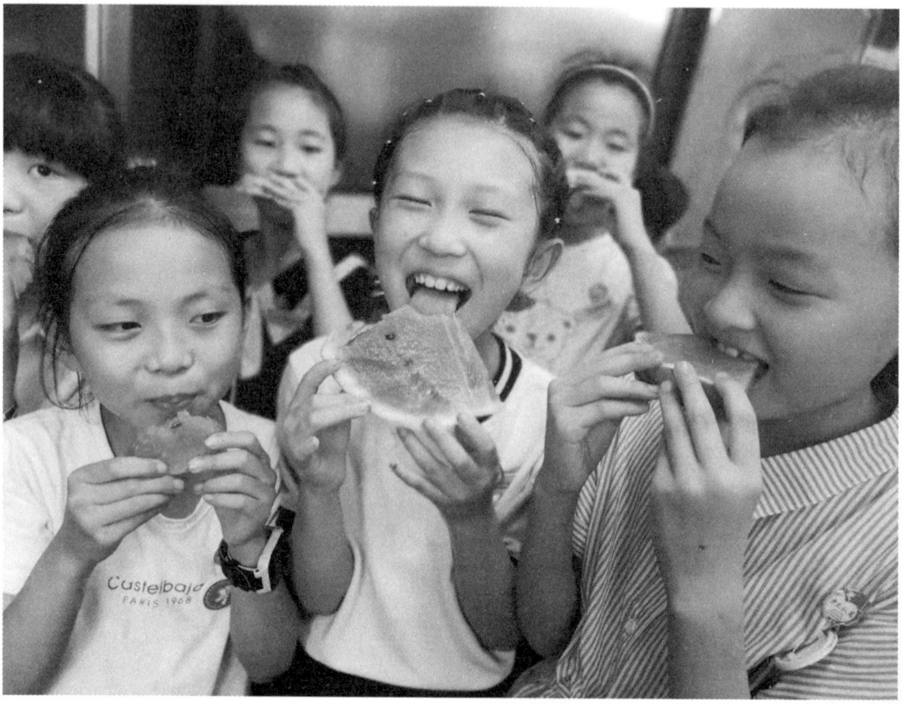
Castelbajac
PARIS 1968